Plantes
de la haie

Ouvrage collectif créé par Losange
Avec la collaboration de : Michel Beauvais, Marcel Guedj

Direction éditoriale : Hervé Chaumeton, Jean Arbeille
Coordination éditoriale : Sophie Jutier, Lisa Person
PAO : Nathalie Lachaud, Francis Rossignol
Photogravure : Stéphanie Henry, Véronique Janvier-Baudonnat, Chantal Mialon
Relecture : Léo Mirabel

ISBN : 2-84416-239-8
N° d'éditeur : 84416
Dépôt légal : mars 2004

Achevé d'imprimer : février 2004
Imprimé en Espagne par ONA Indrustria Graficá

Plantes du jardin

Plantes de la haie

Michel Beauvais

ARTÉMIS ÉDITIONS

Comment utiliser ce livre

A Le texte d'introduction décrit la haie au fil des saisons, avec les modifications que vous pouvez y apporter.

B Plan de la haie. Les numéros renvoient à la liste des plantes citées sous le schéma.

C Les plantes proposées dans « Autres suggestions » peuvent également être utilisées pour la réalisation du massif, en remplacement ou en ajout des espèces sélectionnées.

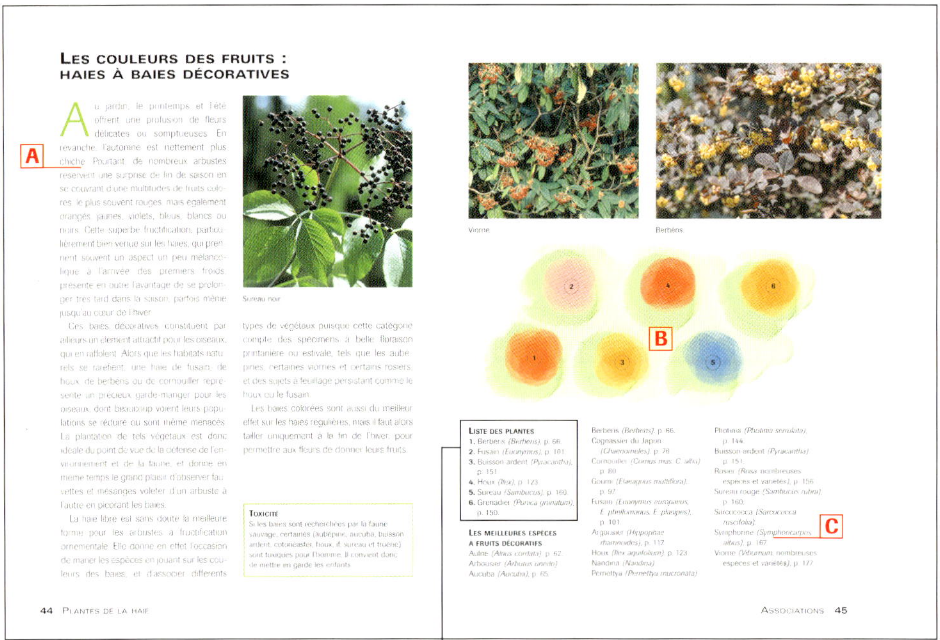

Liste des plantes
Arbustes :
1. *Forsythia* x *intermedia* 'Lynwood', 1 (p. 77)
2. *Ilex crenata* 'Golden Gem', 1 (p. 78)

Espèce utilisée pour la haie.

Renvoie à la fiche de l'espèce.

Référence de l'espèce sur le plan.

D Classement alphabétique des fiches par nom latin du genre.

E Nom vernaculaire du genre.

F Renvoie aux massifs utilisant cette espèce.

G Conseils généraux de culture.

H Description des espèces.

I Exposition.

J Rusticité.

K Feuilles caduques ou persistantes.

L Croissance.

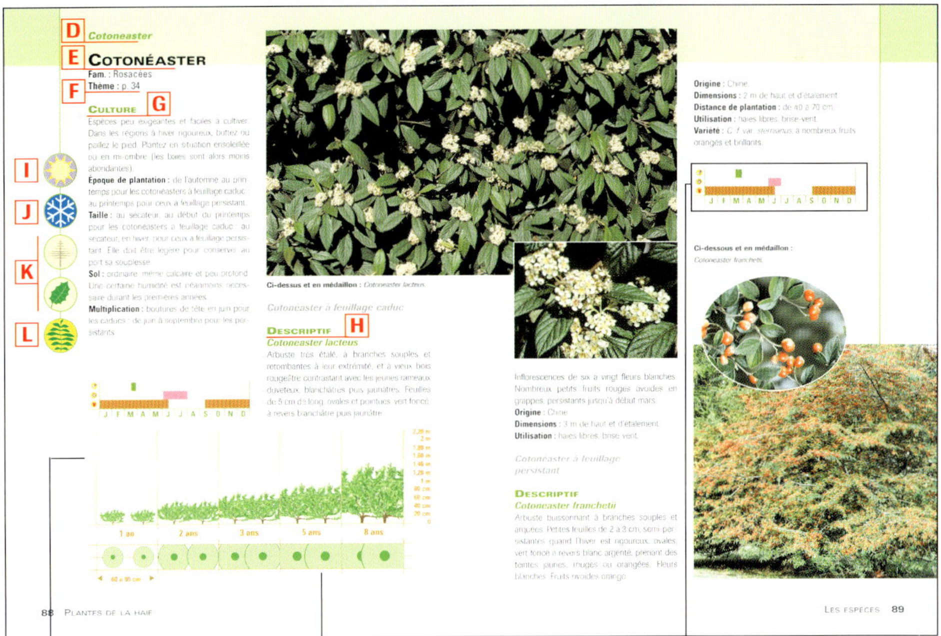

Schéma d'évolution de la haie sur 8 ans.

Étalement de la haie.

Époque de taille.

Époque de floraison.

Epoque de plantation (correspond à la période la plus favorable et concerne les plants achetés en conteneur.

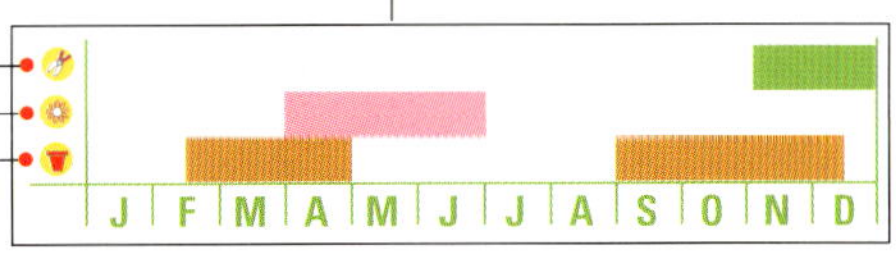

INTRODUCTION

De la barrière abrupte et interminable à la frange de verdure pleine de parfums et de fleurs, la haie peut aller du pire au meilleur. On a ainsi beaucoup vilipendé, sans doute avec raison, les sempiternels alignements de thuyas. Et pourtant, le thuya est un conifère plein d'intérêt, à condition qu'il soit bien employé. Mais une conception erronée ou peu réfléchie de la haie conduit indiscutablement à des résultats fort laids ou, à tout le moins, peu originaux.

Pour réussir, il suffit pourtant de peu de chose : un minimum de clairvoyance et une certaine connaissance des arbustes. En fait, il est relativement facile de créer de superbes scènes de verdure ou des murs végétaux bien à leur place, tout simplement parce que le matériau utilisé, l'arbuste, a une grande valeur esthétique. En outre, la plantation côte à côte de nombreux sujets forme une masse qui devient spectaculaire lorsqu'intervient une floraison ou que le feuillage prend de flamboyantes teintes automnales.

Une longue histoire

La haie champêtre, ou haie bocagère, a commencé à se répandre dans les régions de bocage vers le XVe siècle, et jouait un rôle important dans l'économie paysanne. Souvent établie sur un talus, la haie occupait une largeur de plusieurs mètres et servait à la fois de clôture destinée au parcage du bétail ainsi que de réserve de bois de chauffage et d'œuvre. En outre, à l'automne, les feuilles tombées étaient utilisées pour la fertilisation des champs. La

La haie bocagère en automne.

La haie protège du vent et forme un arrière-plan aux plantations.

haie formait d'autre part un brise-vent qui permettait de protéger les cultures et d'améliorer les rendements, elle régulait le régime hydrique et freinait l'érosion par ravinement. La haie champêtre a connu son apogée au XIXe siècle, après le partage des communaux. Elle a ensuite été mise en péril par la généralisation du fil de fer barbelé, puis par les clôtures électriques. Depuis quelques décennies, heureusement, on assiste à un regain et on plante à nouveau des haies dans toutes les régions.

La haie d'agrément

Cette haie traditionnelle est évidemment bien éloignée de l'alignement de buis parfaitement taillé des jardins classiques, mais l'une et l'autre participent pourtant d'un même esprit et partagent un certain nombre de caractères. En fait, l'ancienne haie bocagère s'est peu à peu muée en haie d'abri, plantée pour protéger les vergers et les potagers des maraîchers, ainsi qu'en haie d'agrément. Ayant pour rôle de clôturer le jardin tout en contribuant à sa beauté, cette haie prend des formes très diverses : il peut s'agir d'une haie régulière, dûment taillée au cordeau, d'une haie défensive, constituée d'épineux, d'une séparation interne à la propriété, d'une haie-rideau qui protège des regards, du bruit ou de la pollution, ou encore d'un brise-vent dans les régions exposées.

Quel type de haie ?

Avant de choisir des arbustes, il faut se poser la question de la justification de la haie. En effet, celle-ci n'est en rien une obligation, et c'est sans doute la pire des choses d'en planter une simplement parce que cela se fait et qu'il y en a chez les voisins... Car un alignement d'arbustes a certains défauts, dont il faut être conscient. Le principal, c'est l'espace qu'il occupe. Sa largeur est de l'ordre de 50 cm au minimum pour les haies étroites et taillées, ce qui n'est pas négligeable dans un petit jardin. Quant à la haie libre, elle a une largeur de l'ordre de 1,50 à 2 m. En outre, les végétaux qui constituent l'alignement étalent souvent large-

La haie taillée, vrai mur végétal.

Gracieuse et charmante, la haie fleurie.

ment leurs racines, ce qui rend difficile la culture d'espèces potagères ou décoratives à leur pied. C'est pourquoi il est souvent préférable, lorsque l'espace manque, d'opter pour une autre forme de clôture, qui peut être un grillage sur lequel on fait pousser des grimpantes.

Haie libre ou haie régulière ?

Si vous décidez de planter une haie, il convient d'abord de réfléchir à vos principaux impératifs. Avez-vous besoin d'une protection contre l'intrusion (haie défensive), contre le vent (brise-vent), contre les regards du voisinage, contre le bruit et la pollution ? Ou souhaitez-vous surtout que la haie forme un joli fond pour les plantes de votre jardin, tout en masquant une vue laide ou dérangeante ?

En fonction du style de votre maison et de celui que vous souhaitez donner à votre décor végétal, vous choisirez l'un des deux principaux types : la haie régulière, formée d'arbustes taillés ou à port naturellement policé, ou la haie libre, qui associe diverses espèces auxquelles on donne tout loisir de se développer selon leur forme propre.

Conifères ou feuillus ?

Les conifères ont sans doute l'avantage d'un feuillage parfaitement persistant, d'une couleur souvent intéressante, et ils excellent pour constituer des haies denses et étroites. Toutefois, ils suscitent parfois un certain ennui par leur manque de diversité saisonnière, et ils sont assez sensibles à certaines maladies parasitaires. En outre, ils ne se laissent pas recéper (rabattre près du sol), ce qui interdit de donner à la haie une nouvelle jeunesse quand elle commence à se dégarnir du pied.

Les feuillus, en revanche, ont pour eux une belle variété et évoluent d'une saison à l'autre, offrant selon les espèces des fleurs, des parfums, des fruits décoratifs et un feuillage aux nuances variées au printemps ou à l'automne. L'expérience montre en tout cas que l'on est rarement déçu par une haie de feuillus, alors qu'on ne peut en dire autant d'une haie de conifères.

Le choix des végétaux

Les espèces traditionnelles de la haie champêtre et bocagère sont le chêne, le coudrier, le noisetier, le prunellier, le houx, l'orme, le charme, le hêtre, le sureau et l'aubépine. Elles ont en commun d'être très robustes, rustiques, peu sensibles aux maladies et tolérantes à la taille, même sévère, ainsi qu'au recépage. Toutes ces qualités sont en effet essentielles pour des arbustes destinés à des alignements de longue durée. Mais il faut également tenir compte des conditions spécifiques de votre jardin et de vos impératifs.

Le sol

Les espèces citées ci-dessus sont, dans l'ensemble, assez tolérantes quant à la nature du sol, mais il n'en va pas de même pour tous les arbustes employés dans les haies. Dans les fiches des pages 58 à 183, vous trouverez des indications sur les exigences de chaque espèce en la matière. Bien entendu, le choix suppose que vous connaissiez le type de terre de votre terrain : lourde ou légère, riche ou faible en humus, acide, neutre ou calcaire...

Le climat

Certains arbustes persistants, comme l'aucuba, peuvent être sensibles au froid et subir de gros dégâts lors d'hi-

Les zones climatiques

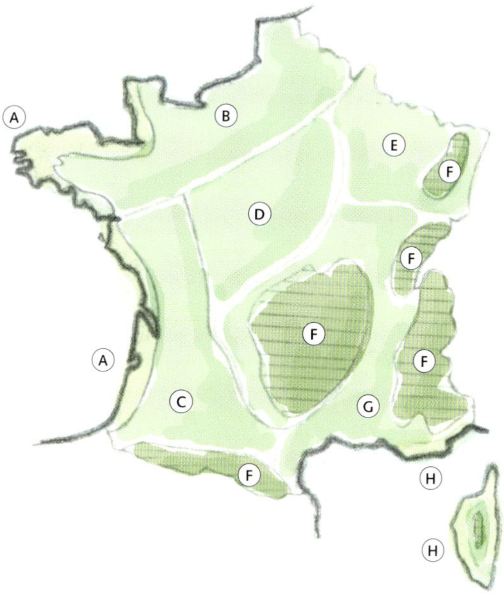

Zone A : côte ouest, littoral atlantique.

Zone B : région soumise aux influences de la mer du Nord et de la Manche.

Zone C : zone Aquitaine, et plus généralement vallée de la Garonne.

Zone D : Centre-Loire, régions de plaine à caractère continental peu accentué.

Zone E : régions de l'Est, hauts plateaux à caractère continental accentué.

Zone F : hauts plateaux et montagnes à hivers froids plus ou moins neigeux selon l'altitude.

Zone G : vallée du Rhône soumise au mistral, contreforts du Massif central et basses vallées alpines.

Zone H : zone méditerranéenne.

vers exceptionnellement rigoureux. Il faut en tenir compte, car si l'on peut prendre un risque pour un arbuste frileux cultivé isolément, il vaut mieux être prudent concernant une plantation d'une trentaine ou d'une quarantaine de sujets. De plus, il ne faut pas oublier certaines caractéristiques régionales ou locales, en particulier la proximité de la mer, le régime des pluies ou encore l'altitude. Pour ne pas vous tromper, observez les végétaux qui prospèrent le mieux dans votre région et demandez conseil aux pépiniéristes locaux.

Les sujets bien développés sont vendus en conteneur.

L'entretien

Les arbustes qui poussent très vite, à l'exemple du troène, forment une haie dense en un temps record, mais demandent ensuite des tailles très fréquentes – jusqu'à quatre ou cinq fois par an si l'on veut faire les choses comme il faut. En revanche, d'autres espèces, comme le buis, se caractérisent par une croissance très lente. Il faut patienter de longues années avant qu'elles forment une haie digne de ce nom, mais leur entretien est ensuite très facile, car elles ne demandent qu'une seule taille annuelle. N'oubliez pas qu'une haie est faite pour durer longtemps, et que l'on n'a pas toujours l'énergie nécessaire au maniement de la cisaille…

La cisaille manuelle convient pour les espèces à petites feuilles.

L'achat des plants

Des arbustes et des arbres destinés aux haies sont proposés dans les grandes surfaces de jardinage. Ils sont en général de bonne qualité et le choix des espèces est assez large. Toutefois, il est souvent préférable de vous adresser à un pépiniériste local, qui propose une gamme parfaitement adaptée aux conditions de sol et de climat de votre région. Vous avez aussi la possibilité de contacter un pépiniériste spécialisé dans la production des plantes de haie, ou qui offre un choix particulièrement étendu pour les espèces

Jeunes plants en godets, en pépinière.

qui vous intéressent. Il s'agit là de vente par correspondance – qui ne pose pas de problème car les arbustes supportent bien le transport quand ils sont convenablement conditionnés.

Les plantes destinées aux haies sont souvent présentées en conteneur (avec leur motte et leurs racines), et offrent alors de bonnes chances de reprise. Tous les conifères et les feuillus persistants, comme les aucubas et les lauriers-cerises, sont ainsi élevés et vendus en conteneur. Le prix du sujet varie selon l'espèce et le stade de développement. D'une manière générale, vous avez intérêt à acheter des plantes assez jeunes. Elles sont moins chères et s'établissent plus facilement et plus rapidement que les arbustes déjà développés.

Pour les haies bocagères et libres, les pépiniéristes proposent des « godets », c'est-à-dire de jeunes sujets encore peu ramifiés, dans un récipient en matière plastique de 0,8 à 0,9 litre. Cette solution est économique et elle mérite d'être retenue, surtout si vous devez planter une haie assez longue.

Vous pouvez également acheter les feuillus à racines nues, entre octobre et mars. Les plants « repiqués », issus d'un semis ou d'une bouture, ont une hauteur allant de 20 cm à 1 m et sont eux aussi essentiellement destinés aux haies bocagères. Leur prix est très intéressant et ils présentent les meilleures garanties de reprise. Une « touffe », plus onéreuse, est un sujet à racines nues issu d'un plant repiqué, âgé de 3 à 5 ans, taillé et travaillé en pépinière et déjà abondamment ramifié.

Quant à la « motte », c'est une plante de même type que la touffe, mais vendue avec les racines entourées de la terre d'origine, enveloppée dans une toile de jute ou un filet. Par son caractère et par son prix, la motte se rapproche du conteneur.

Haies pré-composées

Diverses pépinières proposent des caissettes contenant un certain nombre de jeunes plants (godets) destinés à constituer une haie de type champêtre de tel ou tel caractère : à fruits décoratifs, à fleurs printanières... Par exemple, on trouve une haie à fleurs ainsi composée : arbre aux papillons, forsythia, deux spirées *(Spirea* x *vanhouttei* et *S.* x *arguta),* noisetier pourpre, cornouiller 'Elegantissima', seringat 'Belle Étoile', cotinus 'Royal Purple', weigela 'Nana Variegata', groseillier à fleurs, *Kerria japonica,* deux potentilles 'Goldfinger', saule *(Salix integra* 'Nishiki'*),* caryoptéris 'Heavenly Blue'. Ces quinze arbustes, à planter en quinconce, forment une haie de 2 m de hauteur pour une longueur de 10 m.

Haie et réglementation

Les végétaux dont la hauteur dépasse 2 m doivent être plantés à 2 m au moins de la ligne de séparation des propriétés.

Les végétaux dont la hauteur est inférieure à 2 m doivent être plantés à 50 cm au moins de la ligne de séparation.

Ces règles (article 672 du Code civil) ne concernent cependant pas les végétaux en place depuis plus de trente ans – le voisin ne peut exiger l'abattage ni la réduction.

Toutefois, il existe parfois des règlements locaux un peu différents qui, dans certains cas, régissent non seulement la hauteur, mais aussi le style de la haie. En cas de doute, on fera bien de se renseigner à la mairie.

En outre, si les branches de vos arbustes dépassent sur le terrain d'un voisin, celui-ci n'a pas le droit de les couper lui-même, mais peut exiger que vous le fassiez.

Il existe aussi des règles spécifiques concernant les plantations en bordure d'une voie publique. Dans le cas d'une route nationale, les haies doivent être établies à un minimum de 2 m du domaine public. Pour les voies départementales et vicinales, les règles sont les mêmes que pour le voisinage. Toutefois, au niveau des croisements, pour des questions de visibilité, la hauteur maximale autorisée pour les haies est de 1 m (sur une longueur de 50 m de part et d'autre) – de même que dans un virage (sur une longueur de 30 m à partir du point central de la courbe).

D'autre part, en bordure d'une voie surmontée par une ligne électrique, les plantations de plus de 7 m doivent être distantes de 3 m au moins du domaine public.

Enfin, la plantation de certaines espèces peut être réglementée ou même interdite localement par des arrêtés préfectoraux. C'est le cas par exemple de l'aubépine, qui représente une menace pour certains arbres fruitiers (feu bactérien). Les pépiniéristes sont parfaitement informés de ces restrictions, mais vous pouvez également vous renseigner auprès des chambres d'agriculture.

La plantation

La disposition des arbustes

En général, les haies se plantent de manière linéaire, les arbustes étant placés les uns à côté des autres. Cette technique convient aussi bien pour les haies taillées que pour les haies libres, quelle que soit leur hauteur. Toutefois, pour obtenir un écran dense ou constituer un brise-vent efficace dans un site exposé, mieux vaut planter en quinconce, c'est-à-dire sur deux rangs espacés de 40 ou 50 cm. Cette disposition mobilise évidemment une surface au sol plus importante, mais elle permet aussi de créer un relief intéressant dans le cas des haies

L'arrière-plan de la haie met en valeur les plantations du jardin.

libres. D'autre part, une haie très large constitue un abri pour la faune et pour le gibier. À la campagne, les haies bocagères traditionnelles sont plantées sur deux rangs (et même parfois trois) et en quinconce.

Préparer la plantation

Théoriquement, la plantation d'une haie se prépare un an à l'avance par un désherbage systématique de la bande de terrain concernée, c'est-à-dire sur une largeur de 1 à 1,20 m pour une haie simple et de 1,50 à 2 m pour une haie double. Ce travail est souvent exécuté au moyen d'un herbicide systémique, en particulier si la longueur à planter est importante. Toutefois, on peut préférer suivre les méthodes traditionnelles et effectuer des binages fréquents, ce qui permet efficacement de se débarrasser des plantes indésirables risquant de concurrencer les arbustes de la haie.

Quelques mois ou même un an avant la plantation, en automne ou au printemps, il est bon (au moins pour les espèces non indigènes) d'enrichir le sol en incorporant de la matière organique – terreau du commerce ou compost de jardin bien décomposé. Cette opération n'implique pas le retournement du sol à une profondeur d'un fer de bêche : mieux vaut en effet, suivant les méthodes du jardinage biologique, l'aérer sans le retourner, à l'aide d'une fourche-bêche, et incorporer superficiellement le terreau. On évite ainsi le bouleversement de la structure du sol et l'on favorise le développement de la vie organique. Toutefois, si la terre est raisonnablement fertile, on peut fort bien planter sans préparation, en enfouissant sim-

Arbustes en réserve

Si vous en avez la possibilité, il est bon de planter dans un coin du jardin quelques arbustes en plus de ceux de la haie. Ainsi, il vous sera facile de remplacer les plants qui n'auront pas résisté au premier hiver par d'autres de même dimension. Vous pouvez aussi planter légèrement en surnombre, de manière à éclaircir par la suite en ne conservant que les sujets les plus vigoureux – les autres étant transplantés en réserve, dans un emplacement approprié.

plement du terreau au moment de mettre les plantes en place.

Le mulching

Pour éviter le développement des mauvaises herbes et le tassement de la terre, vous pouvez mettre en place quelques mois ou un an avant la plantation un film plastique noir pour haie, d'une largeur de 1,20 m, dont vous enterrerez les bords. Vous planterez ensuite en pratiquant des incisions dans la matière plastique, le film devant rester en place jusqu'à ce que l'arbuste soit parfaitement installé et enraciné et qu'il montre suffisamment de vigueur. Cette méthode est couramment pratiquée pour les haies de grande longueur, car elle facilite beaucoup le travail. Elle n'est en rien contraire aux principes de la culture biologique – à condition de ramasser le plastique une fois que la haie est établie. Dans un jardin, elle a pour défaut d'être peu esthétique, mais vous pouvez la recouvrir d'une couche de branchages broyés au broyeur électrique, qui joue en même temps le rôle de lest pour le film.

Il est également possible de remplacer le plastique par une couche de carton ondulé, parfaitement biodégradable, que vous vous procurerez facilement en récupérant des emballages, par exemple auprès d'une grande surface. Il est possible d'utiliser d'autres matériaux, en particulier la paille ou les copeaux assez gros (préférables à la sciure), qui sont cependant moins efficaces.

Les distances de plantation

Elles varient en fonction des espèces cultivées et de leur vigueur, ainsi que du style et de la hauteur que l'on entend donner à la haie. En outre, il faut aussi tenir compte du sol et de sa qualité, les arbustes étant moins vigoureux quand il est pauvre. C'est pourquoi les distances de plantation données dans les fiches sont exprimées par une fourchette.

Il est inutile de chercher à brûler les étapes et de planter très serré pour obtenir un semblant de haie le plus tôt possible. Les arbustes se gênent alors les uns les autres, certains prenant le pas sur les autres, qui finissent par mourir.

Le mulching peut être réalisé avec de grandes plaques de carton que vous arroserez pour l'humidifier.

De plus, une plantation trop serrée aboutit à l'étouffement des végétaux et favorise l'apparition de maladies. Pour les haies libres, l'espace réservé à chaque sujet doit lui permettre de prendre sa forme naturelle. L'espacement des différentes espèces constituant la haie ne sera donc pas régulier.

Quand planter ?

Les sujets à racines nues ne sont disponibles que pendant la période de dormance, c'est-à-dire de l'automne à la fin de l'hiver – d'octobre à mars-avril le plus souvent. Vous les planterez dès leur achat ou dès leur réception, dans la mesure du possible. À défaut, placez-les en jauge immédiatement, même pour quelques jours, afin que leur système radiculaire ne se dessèche pas.

La meilleure époque de plantation est en général l'automne, et plus particulièrement octobre-novembre. À cette période de l'année, on trouve des arbustes de bonne qualité, arrachés récemment et qui n'ont pas subi les effets du stockage ; en outre, la plante a le temps de s'enraciner avant les fortes gelées. Toutefois, on peut fort bien planter en plein hiver, à condition que le temps soit doux et que le sol ne soit pas détrempé.

La plantation automnale convient également et pour les mêmes raisons aux arbustes – conifères ou feuillus – achetés en conteneur. Certes, il est théoriquement possible de les installer toute l'année (sauf quand il gèle), puisque leurs racines sont enrobées dans leur motte terreuse. Cependant, il est plus difficile d'arroser efficacement ces arbustes, c'est-à-dire de mouiller leur motte en profondeur, quand ils sont en place que quand ils sont en conteneur. En effet, l'eau a tendance à se perdre dans la terre environnante, laissant sèche celle, plus compacte, de la masse radiculaire. On évitera donc de les planter au début de l'été, surtout dans les régions chaudes.

Dans le cas des arbustes à racines nues comme de ceux en conteneur, préférez une plantation printanière pour toutes les espèces qui ne sont pas parfaitement rustiques. Les plantes auront le temps de s'installer et de s'enraciner avant de subir leur premier hiver, et seront ainsi plus résistantes.

Plantation à racines nues

Tracez d'abord l'emplacement de la haie à l'aide d'un cordeau ou en matérialisant une ligne au sol avec du plâtre éventé. Marquez ensuite la place de chacun des sujets, par exemple avec un petit piquet. Pour mesurer les espacements, fabriquez-vous une pige en coupant tout simplement un bâton à la bonne longueur.

Si vous mettez en place des arbustes relativement développés ou si l'espacement est faible, mieux vaut ouvrir une tranchée sur toute la longueur de la haie. Elle devra être suffisamment large et profonde pour contenir les racines des arbustes sans qu'il soit nécessaire de les comprimer. Ameublissez le fond de la tranchée à la fourche-bêche et amendez la terre sortie avec du terreau et des fertilisants organiques, si vous ne l'avez pas fait lors de la préparation.

La mise en jauge

Le principal danger qui menace les arbustes à racines nues est le dessèchement des racines, qui peut être très rapide dans certaines conditions. Il convient donc de prendre des précautions pour le transport : abstenez-vous de placer les végétaux non protégés sur une remorque ou sur la galerie d'une voiture, particulièrement s'il fait froid. Si vous devez différer la plantation, prenez la précaution de mettre les arbustes en jauge : creusez une petite tranchée en V au jardin, placez dedans les racines des végétaux et recouvrez de tourbe ou de terre fine humide. Si c'est le froid et le gel qui vous obligent à retarder la mise en place, mieux vaut mettre les arbustes en jauge sous un hangar, dans de grands conteneurs.

Si vous installez de jeunes plants (ce qui est vivement conseillé), l'ouverture d'une tranchée n'est nullement nécessaire : creusez simplement pour chaque sujet un trou suffisant pour contenir ses racines. Le pralinage n'est pas indispensable si vous installez de jeunes plants, mais il est conseillé pour les sujets déjà bien développés. Vous devez aussi éliminer au sécateur les parties des racines qui sont cassées ou manifestement desséchées (habillage).

Mettez chaque arbuste en place, en jetant éventuellement un peu de terre au fond de la tranchée ou du trou, de manière à y asseoir la masse des racines. Maintenez-le d'une main de manière que le collet (le cercle de séparation entre la partie souterraine et la partie aérienne, bien visible sur l'écorce) ou le point de greffe soit au niveau du sol environnant ou quelques centimètres au-dessous. S'il s'agit de gros sujets, placez un bâton en travers de la tranchée ou du trou pour mieux évaluer le niveau du sol. Rebouchez avec de la terre bien émiettée, afin qu'elle pénètre entre les racines. Il n'est pas

Faites tremper la motte avant la plantation.

nécessaire de la tasser – surtout, ne tentez pas de le faire du pied, car vous pourriez endommager les racines. En revanche, ménagez une cuvette tout autour de la plante avec un peu de terre et arrosez abondamment. Rebouchez ensuite la dépression laissée par l'écoulement de l'eau.

Plantation en conteneur

Les principes à observer sont les mêmes que pour les arbustes à racines nues. Toutefois, il faut commencer par humidifier en profondeur la motte des arbustes en laissant tremper les conteneurs durant environ un quart d'heure dans un récipient d'eau. Ne vous contentez pas de les arroser, car la terre resterait sèche au centre de la motte.

Après avoir matérialisé au cordeau l'implantation de la haie, creusez une tranchée ou des

Mettez la motte en place. Le trou, largement plus grand, sera comblé de terreau.

Le pralinage

Cette pratique ancienne consiste à tremper les racines d'un végétal, avant plantation, dans une boue épaisse et fertile qui favorisera le démarrage de nouvelles racines. Traditionnellement, cette préparation était constituée d'un mélange de bouse de vache, d'argile et d'eau. Aujourd'hui, on trouve en jardinerie du pralin prêt à l'emploi qu'il suffit de délayer dans l'eau. Le pralinage est nécessaire pour la plantation des fruitiers, des rosiers et des arbustes déjà bien développés, mais il n'est pas indispensable pour les jeunes plants.

Préparation du pralin à partir d'un produit du commerce.

trous nettement plus larges et nettement plus profonds que les conteneurs. Rebouchez-les en partie avec de la terre émiettée, de manière que la base de la plante soit au niveau du sol ou légèrement au-dessous.

En sortant la motte de l'arbuste du conteneur, il arrive que l'on constate qu'elle est complètement envahie par les racines. Souvent, celles-ci se sont même enroulées plusieurs fois contre les parois du conteneur, formant un nœud compact. Un tel état de chose signifie que les plantes ont séjourné trop longtemps dans le récipient, et il est indispensable de briser ce nœud, faute de quoi le redémarrage du végétal serait long et incertain. Déroulez les racines extérieures, sans hésiter à les briser ou à les couper si nécessaire. Grattez l'extérieur de la motte avec un couteau, de manière à sectionner une partie des racines et à permettre le développement de nouvelles. Si la motte est vraiment très compacte, il faut la faire éclater par en dessous, à l'aide d'un transplantoir par exemple.

Lorsque l'arbuste, avec sa motte, est en place, rebouchez et arrosez, comme dans le cas des plantes à racines nues. Toutefois, veillez à donner à la cuvette la même largeur que la motte – si elle est plus grande, l'eau a tendance à s'évacuer vers l'extérieur, sans pénétrer dans la motte.

Arbustes en motte ou « conditionnés »

Les plantes en motte sont des sujets qui ont été arrachés avec leur motte de terre, que l'on a ensuite maintenue et protégée par une toile de jute ou un filet de matière plastique ou biodégradable. Pour la plantation, on doit les traiter comme des plantes en conteneur. Il faut sectionner le filet ou la toile avec un couteau, ou éventuellement les enlever, mais sans désagréger la motte. En tout cas, ne laissez pas un bout de jute dépasser hors du sol, car il pomperait l'humidité et tendrait à assécher la terre autour des racines. Quant aux arbustes « conditionnés », ce sont des sujets (en particulier des rosiers) à racines nues mais protégés par un manchon de tourbe, enveloppé dans un film de matière plastique ; vous devez donc les planter comme les végétaux à racines nues.

Plantation d'un arbuste en conteneur. La motte doit être humidifiée.

Les premiers soins

L'arrosage

Durant les mois qui suivent la plantation, les jeunes arbustes sont essentiellement menacés par la sécheresse et par la concurrence de la végétation spontanée.

Une fois par semaine, arrosez chaque plant individuellement, à raison d'une dizaine de litres. Si vous avez planté en automne, il ne faut pas négliger les apports d'eau sous prétexte qu'il commence à faire froid ou même qu'il pleut. En effet, il faut maintenir le sol humide pendant toute la mauvaise saison : une sécheresse hivernale prolongée peut entraîner la mort des arbustes. En revanche, interrompez les arrosages si le gel ou la neige est annoncé ou, bien entendu, si le sol est détrempé. Au printemps, recommencez à arroser de manière régulière, et continuez jusqu'à l'automne.

Si vous avez planté tardivement au printemps, il convient d'être particulièrement attentif aux arrosages : en effet, les arbustes encore peu enracinés sont très fragiles et peuvent succomber à une sécheresse, même temporaire. Effectuez des arrosages généreux aussi souvent que nécessaire (jusqu'à trois fois par semaine en période de canicule).

Le désherbage

Si vous n'avez pas mis en place un mulching avant la plantation, vous pouvez étaler cette protection après coup. Un film noir, des feuilles de carton ou une bonne couche de paille permettent en effet de réduire l'évaporation et de conserver au sol sa fraîcheur. Ils évitent en même temps la croissance des mauvaises

Goutte-à-goutte

Si vous plantez une haie très longue, ou si vous l'installez dans une maison de campagne où vous n'êtes pas présent tous les week-ends, l'arrosage risque de vous poser des problèmes. Il faut en effet, dans le premier cas, lui consacrer beaucoup de temps et, dans le second, s'assurer la collaboration d'un jardinier du cru ou d'un voisin, ou payer une entreprise. L'arrosage automatique représente alors une solution intéressante. Pour une haie, il faut opter pour un arrosage par goutte-à-goutte, qui ravitaille en eau chaque sujet selon ses besoins. Les canalisations peuvent être enterrées au moment de la plantation – c'est souvent la meilleure solution – ou laissées en surface si vous préférez une installation temporaire, jusqu'à l'enracinement complet des arbustes. Les apports en eau peuvent être réglés avec précision et pour une longue période, grâce à une commande centrale et à un système de programmation – et même à distance, par téléphone. Les installations sont aujourd'hui très au point. Le seul entretien consiste dans le nettoyage périodique des buses, à l'aide d'une simple épingle.

herbes, ce qui est très important pour le bon développement des arbustes. En effet, il n'est pas rare que de jeunes plants ligneux soient étouffés par des vivaces et des annuelles très vigoureuses, qui confisquent à leur profit l'eau et les éléments nutritifs du sol. À défaut de mulching, il convient donc d'effectuer des binages réguliers, dès la fin de l'hiver et durant toute la période de végétation. En brisant la croûte qui se forme en surface sur les sols un peu argileux, cette pratique permet l'aération des racines et la pénétration des eaux de pluie et d'irrigation. Elle peut paraître fastidieuse, mais c'est en fait un exercice simple, facile et rapide, qui permet d'éradiquer en quelques mois les mauvaises herbes les plus tenaces. Le binage est en tout cas préférable à l'utilisation de désherbants – qui représentent toujours un danger pour la végétation du jardin et pour l'environnement.

Sachez toutefois qu'il est possible d'avoir recours à des produits spécifiques pour les arbustes, vendus sous la dénomination « désherbant arbustes » ou « désherbant rosiers », que l'on applique généralement au début du printemps et qui empêchent la prolifération des graminées et la germination des graines. Pour éliminer des espèces particulièrement coriaces, en particulier le liseron et le chiendent, qui se propagent vigoureusement par leurs tiges souterraines, vous pouvez aussi avoir recours à des herbicides systémiques, qu'il faut appliquer au moyen d'un chiffon, d'un pinceau ou d'un petit pulvérisateur sur les feuilles de la plante.

La taille de formation

C'est celle que l'on effectue sur les arbustes tant que la haie n'a pas atteint sa hauteur définitive. D'une manière générale, au moins pour les haies régulières, il faut laisser monter les végétaux relativement lentement. En effet, une taille de formation trop peu sévère donne des arbustes dégingandés et dégarnis à la base.

Haie régulière d'arbustes à feuillage caduc

Aucune taille n'est effectuée à la plantation, sauf sur les troènes, quand ils n'ont pas été rabattus à la pépinière. Au mois de mars qui suit la plantation, rabattez sévèrement les arbustes au sécateur à 40 ou 60 cm du sol selon le développement et la vigueur, afin de susciter le démarrage de nombreuses pousses à la base. Par la suite, il faut

Le taille-haie est un outil parfait pour les grandes surfaces à égaliser.

rabattre chaque année, en mars, en raccourcissant du tiers supérieur les pousses de l'année précédente. Vous pouvez même aller jusqu'à la moitié de la longueur si les arbustes vous paraissent insuffisamment denses.

Si vous avez mis en place une haie champêtre de jeunes plants d'arbustes particulièrement tolérants à la taille, comme le noisetier, l'érable champêtre ou le charme, vous pouvez attendre trois ans sans y toucher, afin que les végétaux s'enracinent fortement. Rabattez-les alors de manière radicale, à une hauteur de seulement 15 à 20 cm. Vous obtiendrez ainsi une forte ramification à la base des plantes.

Haie libre d'arbustes à feuillage caduc

La taille doit être beaucoup moins sévère puisqu'il est souhaitable que chaque sujet puisse développer sa forme naturelle. La taille de formation consiste néanmoins à rabattre légèrement, en fin d'hiver, les pousses de l'année, de manière à donner une structure assez dense. Attachez-vous en outre à éliminer les pousses mal dirigées afin de donner une silhouette harmonieuse.

Haie régulière d'arbustes à feuillage persistant

Pour les arbustes persistants, vous pouvez raccourcir toutes les branches de moitié à la plantation. S'ils ont tendance à pousser droit sans s'étoffer à la base, n'hésitez pas à les rabattre très sévèrement durant les deux premières années. Ensuite, raccourcissez les pousses de l'année, comme pour les caducs.

Rabattre une tige

Rabattre une tige à bourgeons alternes.

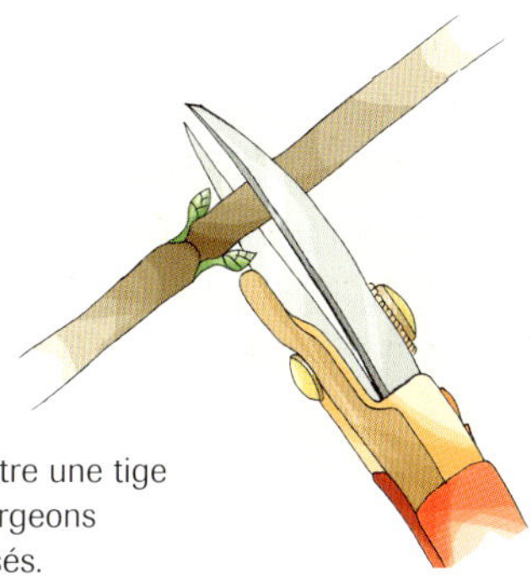

Rabattre une tige à bourgeons opposés.

Où couper ?

Pour couper une grosse branche, commencez par faire une entaille supérieure et inférieure avant de scier près du collet. De cette manière, la branche ne cassera pas brusquement.

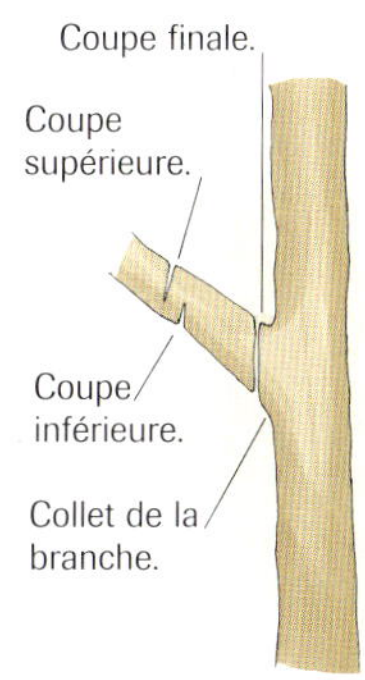

Taille de plantation : raccourcissez de moitié toutes les branches.

Taille de formation : taillez les rameaux et désépaississez la haie pour stimuler les ramifications dès la base.

Taille d'un arbuste persistant les premières années : en mars, taillez toutes les branches aux deux tiers.

Haie régulière de conifères

La règle consiste à ne pas toucher aux arbustes tant qu'ils n'ont pas atteint la hauteur définitive que l'on souhaite pour la haie. La taille de formation est alors effectuée tout au début du printemps : elle consiste à couper tous les rameaux à la hauteur voulue, puis à épointer légèrement ceux des flancs.

La taille d'entretien

Elle intervient une fois par an dans la majorité des cas, ou plus fréquemment pour les arbustes très vigoureux ou les haies régulières soigneusement tenues. L'outil de taille classique est la cisaille à main, très efficace à condition qu'elle soit bien affûtée. Il faut la manier à petits coups secs, en levant légèrement les lames au moment de la coupe de manière à les faire rebondir et à économiser ainsi des forces. Bien entendu, le taille-haie électrique a largement remplacé la cisaille manuelle, et il facilite grandement le travail de tonte – relativement épuisant si la haie est longue. Il faut le préférer, chaque fois que c'est possible, au taille-haie à moteur thermique, plus lourd et moins pratique.

Toutefois, c'est au sécateur qu'il faut avoir recours pour tailler les arbustes à grandes feuilles comme l'aucuba, car la cisaille mutile le feuillage et le fait jaunir. Le même outil sera aussi retenu pour la taille de nettoyage et de mise en forme des arbustes des haies libres. Pour tailler, il faut tenir compte des particularités de chaque espèce.

Avant la taille.

Après la taille.

Arbustes à floraison décorative

Taillez après la floraison les espèces qui fleurissent au printemps, sur le bois de l'année précédente. En revanche, taillez en mars celles qui fleurissent en été ou en automne, sur le bois de l'année. Toute taille à contretemps compromet la floraison. Toutefois, on traite parfois en haie régulière certaines espèces dont les fleurs s'épanouissent sur presque toute la longueur des rameaux, en particulier le forsythia, et on taille alors en été. On perd certes une partie de la floraison, mais on obtient une belle haie taillée colorée. Un tel traitement ne convient évidemment pas aux arbustes qui fleurissent à l'extrémité des rameaux.

Arbustes à fructification décorative

Les buissons ardents (berbéris), les cotonéasters et les autres espèces donnant des fruits ornementaux en fin d'été doivent être taillés assez légèrement et après la floraison de printemps. Il s'agit en général de supprimer simplement les rameaux trop vigoureux, qui ne porteront que peu de fruits, afin de garder à l'arbuste son équilibre. On peut cependant aussi tailler en fin d'hiver, avec les mêmes objectifs.

Espèces à feuillage décoratif et conifères

Ces arbustes tolèrent en général fort bien la taille et peuvent être rabattus à différentes époques de l'année. On opère souvent après le développement des pousses de printemps, c'est-à-dire en juin ou en juillet, en fonction des espèces et des zones climatiques. On pratique aussi la taille d'hiver, pour régulariser la forme avant le début de la croissance. Si la croissance des arbustes est rapide, on intervient également en septembre.

Le recépage

Lorsque la taille a été mal faite ou qu'un gel rigoureux a éprouvé les arbustes, les haies anciennes se « déplument » à la base et prennent un aspect disgracieux. Pour leur redonner leur jeunesse, il faut les recéper, c'est-à-dire les rabattre à 25 ou 30 cm du sol, au moyen d'un sécateur à deux branches ou d'une scie. Cette pratique ne concerne que les feuillus, les conifères ne rejetant pas de souche.

Lorsque la haie a atteint sa taille définitive, vous n'avez plus qu'à couper deux fois par an à la cisaille les rameaux qui dépassent.

Taille des haies libres

Elle est en général assez succincte. On intervient à différentes époques de l'année, en fonction des caractéristiques de chaque espèce. Il s'agit avant tout de nettoyer les arbustes et de supprimer les rameaux mal dirigés, et parfois de limiter le développement de manière que l'ensemble reste harmonieux.

Taille des haies régulières

Elle doit être assez fréquente (en fonction de la vitesse de croissance), si l'on souhaite obtenir des arbustes parfaitement formés et denses. Elle se pratique traditionnellement au cordeau : fixez-le sur des piquets plantés aux extrémités et réglez l'horizontalité en mesurant la hauteur en différents points. Les haies taillées doivent être légèrement plus minces au sommet qu'à la base (profil en trapèze isocèle), de manière à permettre un bon ensoleillement sur toute la hauteur, ce qui évite que la partie basse ne se dégarnisse.

L'entretien courant

Une fois les haies établies et profondément enracinées, leur entretien se réduit à peu de chose, à condition que vous ayez choisi des arbustes résistants. L'engrais est en général inutile et les arrosages ne sont nécessaires qu'en période de sécheresse prolongée, hormis dans les régions chaudes ou très ventées.

Les arbustes feuillus indigènes ne sont guère malades et résistent fort bien aux parasites. En revanche, les conifères sont plus fragiles et sont menacés par des maladies cryptogamiques et des insectes parasites. Les symptômes sont divers : décoloration, brunissement ou dessèchement du feuillage, présence de pustules sur les rameaux, etc. Toutefois, les attaques sont parfois foudroyantes et il est souvent trop tard lorsque l'on identifie la maladie, comme dans le cas du dépérissement des conifères dû à un champignon parasite *(Phytophora cinnamomi)*. C'est pourquoi il est sage d'effectuer systématiquement des traitements préventifs, au moyen des produits appropriés que l'on trouve en jardinerie.

Associations

Délimiter une propriété de campagne : haie libre à caractère champêtre

C'est la haie laissée à elle-même, la haie bocagère qui borde les chemins et entoure les prés. Elle est libre parce que les arbustes ne sont pas contraints par la taille – et aussi parce qu'elle est composée de diverses espèces, certaines s'invitant parfois d'elles-mêmes.

On cherche en général à marier les arbustes de manière que l'ensemble présente un intérêt en toutes saisons, par la succession des floraisons et des fructifications, par la beauté des feuillages d'automne ou encore par les parfums. Le choix peut aussi privilégier des plantes à baies, qui attirent les oiseaux, ou des arbustes mellifères visités par les abeilles.

Les espèces régionales, indigènes ou naturalisées, sont souvent les plus intéressantes étant donné leur rusticité et leur robustesse ; elles reviennent en outre généralement moins cher à l'achat. Toutefois, vous pouvez également opter pour des plantes moins courantes, à condition qu'elles soient de culture facile.

Ce type de plantation, très naturel, est simple à entretenir et peut être laissé livré à lui-même pendant des années. La taille, effectuée au sécateur à main ou à deux branches, consiste en un simple nettoyage : éliminez le bois mort ainsi que les branches qui se dirigent vers l'intérieur, afin d'aérer et d'alléger l'ensemble. Il faudra en revanche tailler les arbustes qui s'étalent excessivement ou qui poussent vite, menaçant d'étouffer leurs voisins. La hauteur peut être limitée, tous les deux, trois ou quatre ans, selon les espèces cultivées et les impératifs particuliers (vue, protection contre le vent ou les regards…).

La plantation se fait le plus souvent sur deux rangs, en quinconce, de manière à obtenir un rideau bien étoffé.

Ci-dessous, à gauche : arbre à perruques.

Ci-dessous, à droite : *Cornus* 'Elegantissima'.

Spirée 'Antony Waterer'.

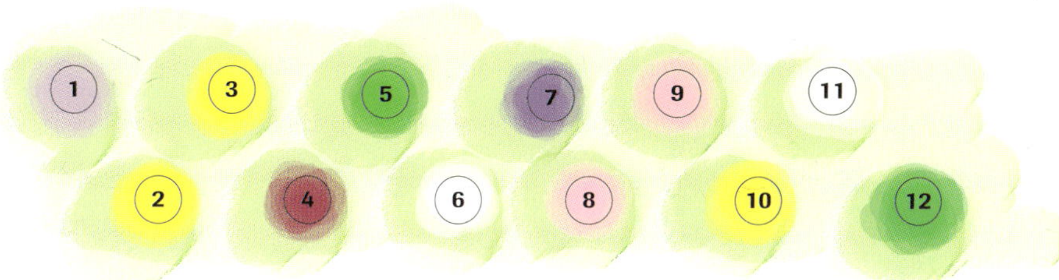

LISTE DES PLANTES

1. Buddléia *(Buddleja)*, p. 72.
2. Forsythia *(Forsythia)*, p. 105.
3. Spirées *(Spiraea* x *vanhouttei* et *S.* x *arguta)*, p. 163.
4. Noisetier pourpre *(Corylus avellana* 'Purpurea'*)*, p. 85.
5. Cornouiller *(Cornus* 'Elegantissima'*)*, p. 80.
6. Seringat *(Philadelphus)*, p. 143.
7. Arbre à perruques *(Cotinus coggygria)*, p. 87.
8. Weigela *(Weigela)*, p. 183.
9. Groseillier à fleurs *(Ribes)*, p. 155.
10. Cytise *(Laburnum)*, p. 127.
11. Symphorine *(Symphoricarpos)*, p. 167.
12. Saule *(Salix integra* 'Nishiki'*)*, p. 158.

LES MEILLEURES ESPÈCES

Érable champêtre *(Acer campestre)*, p. 60.
Amélanchier *(Amelanchier)*, p. 63.
Buddléia *(Buddleja)*, p. 72.
Charme *(Carpinus betulus)*, p. 74.
Cognassier du Japon *(Chaenomeles)*, p. 76.
Cornouiller *(Cornus)*, p. 80.
Noisetier *(Corylus)*, p. 85.
Arbre à perruques *(Cotinus)*, p. 87.
Cotonéaster *(Cotoneaster)*, p. 88.
Genêt *(Cytisus)*, p. 92.
Diervilla *(Diervilla)*, p. 96.
Deutzia *(Deutzia)*, p. 94.
Chalef *(Elaeagnus)*, p. 97.
Fusain *(Euonymus)*, p. 101.
Forsythia *(Forsythia)*, p. 105.
Hamamélis *(Hamamelis)*, p. 113.
Mauve en arbre *(Hibiscus)*, p. 116.
Argousier *(Hippophae)*, p. 117.
Houx *(Ilex)*, p. 123.
Cytise *(Laburnum)*, p. 127.
Troène *(Ligustrum)*, p. 131.
Laurier rose *(Nerium)*, p. 138.
Oléaria *(Olearia)*, p. 139.
Osmanthus *(Osmanthus)*, p. 140.
Seringat *(Philadelphus)*, p. 143.
Photinia *(Photinia)*, p. 144.
Laurier-cerise *(Prunus)*, p. 146.
Grenadier *(Punica)*, p. 150.
Buisson ardent *(Pyracantha)*, p. 151.
Sumac *(Rhus)*, p. 154.
Groseillier à fleurs *(Ribes)*, p. 155.
Saule *(Salix)*, p. 158.
Sureau *(Sambucus)*, p. 160.
Spirée *(Spiraea)*, p. 163.
Symphorine *(Symphoricarpos)*, p. 167.
Lilas *(Syringa)*, p. 170.
Tamaris *(Tamarix)*, p. 172.
Viorne *(Viburnum)*, p. 177.
Weigela *(Weigela)*, p. 183.

Délimiter un pavillon : haie taillée

La haie taillée est intéressante pour deux aspects : sa faible largeur, d'une part, ce qui la qualifie pour les petits jardins et pour toutes les surfaces limitées, et sa dimension esthétique, d'autre part. En effet, son volume géométrique, selon une ligne souvent droite, mais qui peut aussi être sinueuse, convient à un certain style de jardin par son caractère net et policé.

Ce type de haie est généralement constitué d'une espèce unique, même si ce n'est nullement une obligation et que des compositions, par exemple à deux espèces, donnent souvent de bons résultats et évitent la monotonie, défaut inhérent à ces alignements. Ainsi, vous marierez deux pyracanthas, à fruits respectivement rouges et jaunes.

Vous pouvez soumettre à la taille de très nombreux arbustes et, en tout cas, une bonne partie de ceux utilisés en haies libres. C'est ainsi qu'une haie taillée de noisetier est parfaitement possible. Toutefois, les espèces à petites feuilles forment une masse généralement plus dense et prennent des formes plus nettes et régulières. Elles se laissent d'autre part tondre à la cisaille, alors qu'il faut utiliser le sécateur pour les arbustes à grandes feuilles, afin de ne pas les déchiqueter. Les espèces classiquement utilisées pour l'art topiaire sont les plus indiquées si l'on souhaite des volumes parfaits, de véritables haies au carré, taillées au cordeau – ce sont surtout le buis, l'if, le chèvrefeuille persistant ou la santoline.

Pour être belle et dense, la haie taillée doit être montée lentement, plus encore qu'une haie libre. En outre, on lui donne une forme légèrement trapézoïdale, avec une base plus large que le sommet, de manière qu'elle soit parfaitement ensoleillée sur toute sa hauteur.

Aucuba.

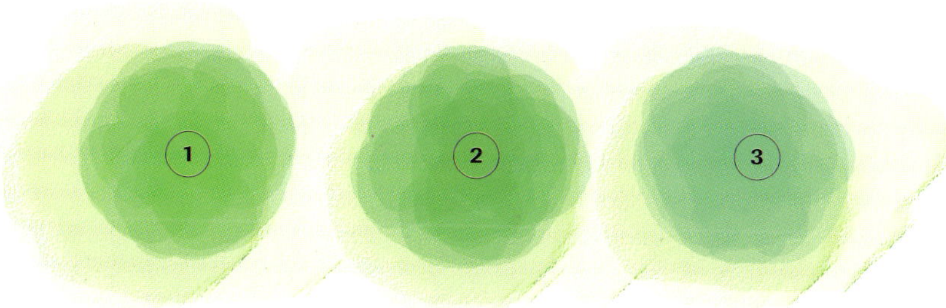

Liste des espèces
Les haies taillées pour délimiter un terrain sont souvent constituées d'une seule espèce d'arbuste.
1, 2 et 3. Buis *(Buxus)*, p. 73.

Les meilleures espèces
Érable champêtre *(Acer campestre)*, p. 60.
Amélanchier *(Amelanchier)*, p. 63.
Aucuba *(Aucuba japonica)*, p. 65.
Berbéris *(Berberis)*, p. 66.
Buis *(Buxus)*, p. 73.
Charme *(Carpinus betulus)*, p. 74.
Cognassier du Japon *(Chaenomeles)*, p. 76.
Cornouiller *(Cornus alba)*, p. 80.
Cyprès *(Cupressus)*, p. 90.
Genêt *(Cytisus)*, p. 92.
Deutzia *(Deutzia)*, p. 94.
Chalef *(Elaeagnus)*, p. 97.
Faux cyprès *(Chamaecyparis)*, p. 78.
Fusain *(Euonymus)*, p. 101.
Argousier *(Hippophae)*, p. 117.
Houx *(Ilex)*, p. 123.
Genévrier *(Juniperus)*, p. 125.
Cytise *(Laburnum)*, p. 127.
Laurier *(Laurus nobilis)*, p. 128.
Troène *(Ligustrum)*, p. 131.
Chèvrefeuille arbustif *(Lonicera nitida)*, p. 134.
Osmanthus *(Osmanthus)*, p. 140.
Laurier-cerise *(Prunus laurocerasus)*, p. 146.
Laurier du Portugal *(Prunus lusitanica)*, p. 146.
Prunus x *cistena*, p. 146.
Buisson ardent *(Pyracantha)*, p. 151.
Alaterne *(Rhamnus)*, p. 152.
Romarin *(Rosmarinus)*, p. 157.
Saule *(Salix)*, p. 158.
Sureau *(Sambucus)*, p. 160.
Genêt d'Espagne *(Spartium junceum)*, p. 162.
If *(Taxus baccata)*, p. 174.
Thuya *(Thuja)*, p. 175.
Laurier-tin *(Viburnum tinus)*, p. 177.

Berberis stenophylla.

Une haie pour s'abriter des regards

Thuya.

Un mur de lierre, créé sur un haut grillage, est aussi aveugle que son homologue maçonné. Et toutes les espèces conseillées pour les haies conviennent pour constituer ce type d'écran, destiné à protéger un terrain des regards indiscrets et à lui assurer l'intimité et la quiétude que l'on cherche en général dans un jardin. Une telle protection implique évidemment une certaine hauteur afin qu'il ne soit pas possible de voir au-dessus de la haie.

Toutefois, au moment de choisir les espèces, il convient de bien définir les besoins, en l'occurrence le type d'intimité que l'on souhaite assurer, en fonction des circonstances et de la disposition des lieux : d'où vous voit-on et quelles parties souhaitez-vous abriter ? S'il s'agit de masquer aux regards la totalité du jardin, on fera évidemment appel à des espèces à feuillage persistant. En revanche, si l'on souhaite simplement qu'un coin de gazon ne soit pas visible depuis le jardin du voisin, des arbustes à feuillage caduc peuvent convenir dans la mesure où la pelouse n'est utilisée, pour le farniente ou le bain de soleil, que durant la belle saison.

Le défaut d'une haie « écran total », surtout quand elle est haute et que la surface est réduite, c'est de fermer complètement l'espace au point, parfois, de créer un sentiment d'oppression et, bien sûr, de masquer les vues intéressantes sur l'environnement. La protection de l'intimité peut alors être modulée de manière à simplement couper la vision de l'extérieur sur des parties « névralgiques ». On fait appel, par exemple, à une haie interne pour protéger une terrasse de plain-pied ou une aire gazonnée où l'on se tient habituellement, alors que le reste du jardin reste visible de la rue. En effet, un bref alignement d'arbustes denses peut être suffisant, quand il est bien placé, pour interdire aux regards tout un secteur du jardin.

Chèvrefeuille arbustif.

LISTE DES PLANTES

Pour créer un écran permanent, utilisez de préférence une espèce persistante unique.

1, 2 et 3. Cotonéaster *(Cotoneaster)*, p. 88.

LES MEILLEURES ESPÈCES POUR DES ÉCRANS DE GRANDE HAUTEUR

Érable champêtre *(Acer campestre)*, p. 60.
Amélanchier *(Amelanchier canadensis)*, p. 63.
Charme *(Carpinus betulus* 'Fastigiata'*)*, p. 74.
Cyprès de Lawson *(Chamaecyparis lawsoniana)*, p. 78.
Cyprès *(Cupressus sempervirens)*, p. 90.
Olivier de Bohême *(Elaeagnus angustifolia)*, p. 97.
Argousier *(Hippophae rhamnoides)*, p. 117.

ARBUSTES PERSISTANTS POUR ÉCRANS PERMANENTS

Aucuba *(Aucuba japonica)*, p. 65.
Berbéris *(Berberis)*, p. 66.
Buis *(Buxus)*, p. 73.
Cotonéaster *(Cotoneaster)*, p. 88.
Cyprès *(Cupressus)*, p. 90.
Chalef *(Elaeagnus)*, p. 97.
Fusain *(Euonymus)*, p. 101.
Houx *(Ilex)*, p. 123.
Genévrier *(Juniperus)*, p. 125.
Troène *(Ligustrum)*, p. 131.
Chèvrefeuille arbustif *(Lonicera nitida)*, p. 134.
Oléaria *(Olearia)*, p. 139.
Laurier-cerise *(Prunus)*, p. 146.
Buisson ardent *(Pyracantha)*, p. 151.
If *(Taxus baccata)*, p. 174.
Thuya *(Thuja)*, p. 175.
Laurier-tin *(Viburnum tinus)*, p. 177.

Se protéger contre le bruit et la pollution : une haie urbaine

Cotonéaster.

Face à la pollution par la poussière, les gaz d'échappement et le bruit, la haie ne se comporte pas du tout comme un mur maçonné ou comme une palissade. En effet, le feuillage dense des arbustes d'alignement forme un manteau isolant qui empêche le passage des particules de poussière, voire des bactéries, et qui atténue notablement les bruits du trafic ainsi que les vibrations.

Dans ce domaine, les choses sont difficilement quantifiables, mais on peut estimer qu'une haie bien conçue – c'est-à-dire suffisamment large et touffue – réduit l'intensité des bruits de la rue de 25 à 45 % (de nombreux facteurs interviennent, notamment la longueur de la haie, la disposition des bâtiments environnants et la distance entre la haie et la partie du jardin où l'on effectue la mesure). La filtration de l'air par la haie est également très efficace et réduit considérablement la quantité de poussière qui se dépose sur les végétaux cultivés, leur donnant un aspect sale et terne, et freinant leur vigueur en gênant l'assimilation chlorophyllienne.

Les végétaux sélectionnés pour les haies antibruit et antipollution doivent eux-mêmes parfaitement résister à la pollution urbaine. Les plus efficaces sont ceux qui présentent de larges feuilles pileuses ou duveteuses (comme celles de *Viburnum rhytidophyllum*), qui piègent les poussières, ou un petit feuillage très dense, agissant de la même manière qu'un filtre à air. Bien entendu, puisque le problème du bruit est permanent, on privilégiera les espèces à feuillage persistant – même si une haie de caducs peut constituer un bon écran antipollution pour le jardin au moment où l'on utilise le plus ce dernier et où les végétaux sont en période de croissance.

Une haie antibruit ou antipollution peut par exemple être plantée dans le jardin pour protéger une terrasse de plain-pied ou le coin potager, afin que les légumes ne soient pas souillés par la poussière.

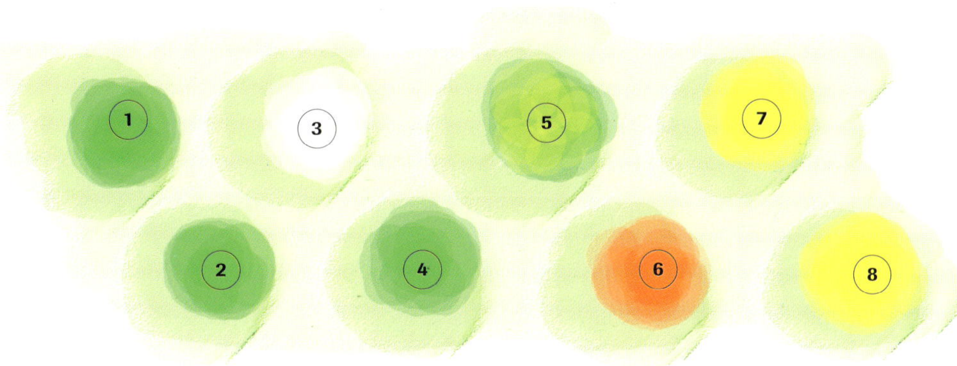

Liste des plantes

1. Saule *(Salix integra)*, p. 158.
2. Noisetier *(Corylus avellana)*, p. 85.
3. Viorne *(Viburnum)*, p. 177.
4. Cornouiller *(Cornus)*, p. 80.
5. Chalef *(Elaeagnus)*, p. 97.
6. Érable *(Acer campestre)*, p. 60.
7. Forsythia *(Forsythia)*, p. 105.
8. Spirée *(Spiraea)*, p. 163.

Les meilleures espèces

Érable champêtre *(Acer campestre)*, p. 60.
Amélanchier *(Amelanchier)*, p. 63.
Aucuba *(Aucuba japonica)*, p. 65.
Berbéris *(Berberis)*, p. 66.
Buddléia *(Buddleja)*, p. 72.
Buis *(Buxus)*, p. 73.
Camélia *(Camellia)*.
Cornouiller *(Cornus)*, p. 80.
Noisetier *(Corylus)*, p. 85.
Cotonéaster *(Cotoneaster)*, p. 88.
Deutzia *(Deutzia)*, p. 94.
Chalef *(Elaeagnus)*, p. 97.
Escallonia *(Escallonia)*, p. 100.
Fusain *(Euonymus)*, p. 101.
Forsythia *(Forsythia)*, p. 105.
Mauve en arbre *(Hibiscus)*, p. 116.
Argousier *(Hippophae)*, p. 117.
Corète du Japon *(Kerria japonica)*.
Genévrier *(Juniperus)*, p. 125.
Kolkwitzia *(Kolkwitzia)*.
Laurier *(Laurus nobilis)*, p. 128.
Troène *(Ligustrum)*, p. 131.
Chèvrefeuille arbustif *(Lonicera nitida)*, p. 134.
Magnolia *(Magnolia grandiflora)*.
Osmanthus *(Osmanthus)*, p. 140.
Seringat *(Philadelphus)*, p. 143.
Photinia *(Photinia)*, p. 144.
Laurier-cerise *(Prunus)*, p. 146.
Prunus x *cistena*, p. 146.
Buisson ardent *(Pyracantha)*, p. 151.
Chêne *(Quercus)*.
Sumac *(Rhus)*, p. 154.
Saule *(Salix)*, p. 158.
Sureau *(Sambuscus)*, p. 160.
Spirée *(Spiraea)*, p. 163.
Symphorine *(Symphoricarpos)*, p. 167.
Lilas *(Syringa)*, p. 170.
Tamaris *(Tamarix)*, p. 172.
If *(Taxus baccata)*, p. 174.
Thuya *(Thuja)*, p. 175.
Laurier-tin *(Viburnum tinus)*, p. 177.
Viorne à feuilles ridées *(Viburnum rhytidophyllum)*, p. 177.

Chalef.

Forsythia.

Haies basses pour séparer des parcelles d'un même jardin

Hébé.

Les bordures de buis bien nettes encadrant les carrés de plantation que l'on peut voir à Versailles ne sont pas une invention du Grand Siècle. Elles sont en fait héritées des jardins de simples du Moyen Âge, en particulier des monastères, où elles servaient de rempart protecteur pour les plantes médicinales et aromatiques qu'elles entouraient. Elles les protégeaient non seulement du piétinement, mais aussi du vent et des ravageurs, en particulier les limaces et les escargots.

Le jardinage biologique a repris cette tradition et entoure parfois les carrés de légumes de bordures libres ou taillées de thym ou de santoline. Quant à la bordure de buis classique, dense et soignée, elle fait souvent bon ménage, du point de vue décoratif, avec un style de plantation très libre, jouant le rôle de contrepoint face à la relative anarchie des feuillages.

Les petites haies internes donnent aussi la possibilité de structurer le jardin, en y traçant des lignes permanentes, qu'elles soient droites ou sinueuses. Elles sont mises à contribution par les paysagistes pour créer des jeux d'illusion, afin de gommer la forme difficile d'un terrain ou de donner une impression de profondeur et d'espace, avec des lignes de fuites, ou de largeur dans un jardin tout en longueur, avec des perpendiculaires à l'axe. Une petite haie de fusain, de buis ou de romarin peut même être utilisée en trompe-l'œil, pour créer de la profondeur : on lui donne alors une hauteur décroissante afin que la ligne de fuite soit en quelque sorte accélérée.

En outre, une haie basse qui isole, par exemple, un coin repos avec un banc de pierre, ou qui masque un élément inesthétique, constitue par elle-même un bel ornement, en particulier quand elle est densément fleurie. Il en va ainsi des alignements de petits rosiers, de millepertuis, de potentilles ou de fuchsias (*Fuchsia* 'Riccartoni'), au port gracieux et fleurissant tout l'été, jusqu'en l'automne.

Fuchsia.

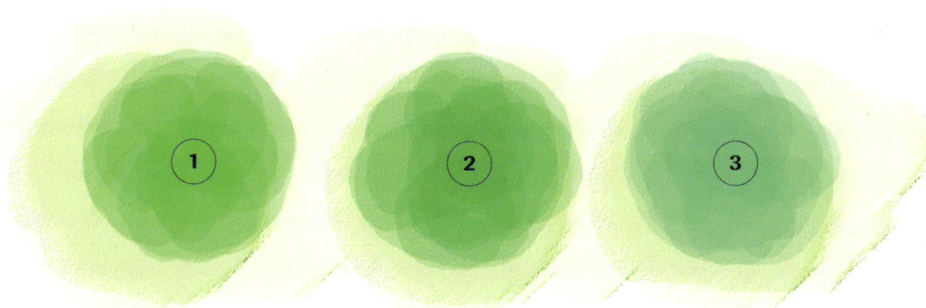

Liste des espèces

En général, mieux vaut utiliser une espèce unique pour réaliser ce type de bordure. Vous pouvez en revanche employer des cultivars différents pour jouer avec les couleurs de feuillage.

1, 2 et 3. Genêt *(Genista lydia)*.

Les meilleures espèces

Berbéris *(B. buxifolia,* nombreux cultivars*)*, p. 66.
Buis *(Buxus)*, p. 73.
Cognassier du Japon *(Chaenomeles speciosa)*, p. 76.
Deutzia *(D. gracilis)*, p. 94.
Fusain *(Euonymus fortunei,* nombreux cultivars, *E. japonicus* 'Microphylla'*)*, p. 101.
Fuchsia *(F.* 'Riccartoni'*)*, p. 107.
Genêt *(Genista lydia)*, p. 108.
Hébé *(Hebe,* nombreux cultivars*)*, p. 114.
If *(Taxus media* 'Hicksii'*)*, p. 174.
Millepertuis *(Hypericum,* nombreux cultivars*)*, p. 122.
Genévrier *(Juniperus chinensis* 'Mint Julep'*)*, p. 125.
Lavandc *(Lavandula,* nombreux cultivars*)*, p. 129.
Chèvrefeuille arbustif *(Lonicera nitida)*, p. 134.
Potentille *(Potentilla fruticosa,* nombreux cultivars).
Prunus x *cistena*, p. 146.
Romarin *(Rosmarinus officinalis)*, p. 157.
Santoline *(Santolina chamaecyparissus)*.
Spirée *(Spiraea,* nombreux cultivars*)*, p. 163.
Thym *(Thymus)*.
Germandrée en arbre *(Teucrium fruticans)*.

Bien s'abriter du vent : haies brise-vent

Un écran végétal constitue la meilleure des protections contre le vent dans la mesure où il le filtre et l'atténue, au lieu de s'y opposer abruptement. À l'inverse, derrière un mur ou une palissade se crée une zone de dépression et de turbulence, avec des tourbillons désagréables, peu propices aux cultures.

Dans les pays de bocage à proximité des côtes et fortement balayés, comme la Normandie ou la Bretagne, le réseau de haies agit très efficacement au point que l'on oublie le vent – pour le retrouver brutalement lorsque l'on débouche sur une route exposée. Une technique éprouvée, dans des conditions de ce type, face à la mer ou sur un plateau, consiste à mettre en place une série de brise-vent de hauteur croissante, avec des végétaux divers se complétant – des arroches, par exemple, en première ligne, dont le port buissonnant compense la silhouette dégarnie à la base de pins, en deuxième rideau.

Le premier avantage du brise-vent est le confort qu'il apporte dans le jardin. En outre, il est favorable aux cultures de tous ordres en évitant les silhouettes tordues, les retards de croissance (liés à la réduction de la surface foliaire) ou les feuilles déchiquetées. Il crée un microclimat avec un accroissement de la température au sol et une accumulation des précipitations. Enfin, il favorise l'activité des abeilles et la pollinisation.

Les plantes sélectionnées doivent elles-mêmes résister au vent et il convient donc d'opter pour des espèces rustiques, indigènes, présentant en outre un feuillage également dense sur toute leur hauteur. Une bonne haie brise-vent doit être épaisse et l'on adopte généralement une plantation en quinconce. On considère que la protection apportée par une haie de ce type s'étend sur une longueur égale à dix à vingt fois sa hauteur. Un rideau de bambou de 2,50 m de haut protège donc sur au moins 25 m.

Pour les écrans brise-vent moyens (5 m) et petits (de 2 à 4 m), vous retiendrez toutes les espèces rustiques et à feuillage dense, en particulier les arbres régionalement bien adaptés que vous traiterez en cépée, par exemple le cornouiller, le houx, le troène ou le noisetier, mais aussi le chêne, l'érable ou le hêtre. Les bambous, avec des espèces de diverses hauteurs, conviennent dans de nombreux cas, de même que la canne de Provence *(Arundo donax)*, qui forme un rideau de 2 m environ.

Argousier.

Liste des plantes

1. Érable *(Acer campestre)*, p. 60.
2. Aulne *(Alnus)*, p. 62.
3. Laurier-cerise *(Prunus laurocerasus)*, p. 146.
4. Olivier de Bohême *(Elaeagnus angustifolia)*, p. 97.
5. Argousier *(Hippophae rhamnoides)*, p. 117.
6. Charme *(Carpinus betulus)*, p. 74.

Les meilleures espèces pour des rideaux élevés

Cèdre *(Cedrus atlantica)*, p. 75.
Érable champêtre *(Acer campestre)*, p. 60.
Aulne *(Alnus)*, p. 62.
Bambou (nombreuses espèces dont *Arundinaria murielae*, *Phyllostachys* 'Aurea').
Charme *(Carpinus betulus* 'Fastigiata'*)*, p. 74.
Cyprès de Lawson *(Chamaecyparis lawsoniana)*, p. 78.
Cryptomeria japonica (nombreux cultivars).
Cyprès *(Cupressus sempervirens)*, p. 90.
Olivier de Bohême *(Elaeagnus angustifolia)*, p. 97.
Hêtre *(Fagus sylvatica)*.
Argousier *(Hippophae rhamnoides)*, p. 117.
Peuplier noir *(Populus nigra* 'Italica'*)*.
Épicéa *(Picea abies)*.
Pittosporum *(Pittosporum tobira)*.
Laurier-cerise *(Prunus laurocerasus)*, p. 146.
Tamaris *(Tamarix)*, p. 172.
If *(Taxus baccata)*, p. 174.
Thuya *(Thuja)*, p. 175.

Clore le jardin en le parfumant : une haie odorante

Au jardin, les parfums changent tout. On admire le feuillage généreux d'un arbuste et on s'émerveille de sa floraison, mais son parfum charme, au sens propre – et magique – du mot. Les senteurs, profondes ou ténues, apportent une autre dimension, qui est un peu la quatrième puisque l'odorat (comme le goût), est le sens de la mémoire.

Chez les plantes, l'odeur est liée à la présence d'une huile essentielle, présente dans les cellules de l'épiderme, dont les molécules sont libérées au cours du processus d'oxydation. Il s'agit là, en général, d'une stratégie de défense contre la chaleur en ce qui concerne le feuillage, et d'attraction des insectes pollinisateurs dans le cas des fleurs.

Les arbustes parfumés sont nombreux, et il est toujours possible de les maintenir dans l'espace qui leur est attribué, quel que soit le type de l'alignement. C'est facile dans le cas de la haie libre, où l'on peut faire figurer quelques espèces odorantes dans une composition, ou même ne sélectionner que celles-ci, sans beaucoup de problèmes. Mais une haie taillée monospécifique peut aussi diffuser des senteurs de feuillage, certes souvent discrètes, mais agréables, grâce à des arbustes comme le buis, le thuya ou le cyprès (l'un et l'autre ont une odeur de résine), qui embaument surtout quand il fait chaud.

Dans le cas d'une haie basse, les possibilités sont nombreuses avec, par exemple, le romarin, la lavande, le myrte (pour la région méditerranéenne) ou les armoises.

Mais c'est bien entendu la haie fleurie qui offre le choix le plus vaste avec des champions du parfum comme le virginal seringat, le romantique lilas, les viornes généreuses ou, bien entendu, le rosier. Il y en a pour toutes les saisons, avec des arbustes de printemps, d'été et d'automne – et même d'hiver (chimonanthus, hamamélis...) – ; pour toutes les heures, avec des parfums matinaux, vespéraux, nocturnes ou de plein midi ; et pour tous les goûts, ou plutôt tous les odorats (senteurs musquées, poivrées, subtiles, entêtantes, capiteuses...).

Lilas.

Bon à savoir

Les parfums, de feuillages ou de fleurs, sont en général plus fort à la chaleur. C'est pourquoi une haie plantée devant un mur ou un muret, qui réfléchit et emmagasine le rayonnement solaire, est particulièrement odorante.

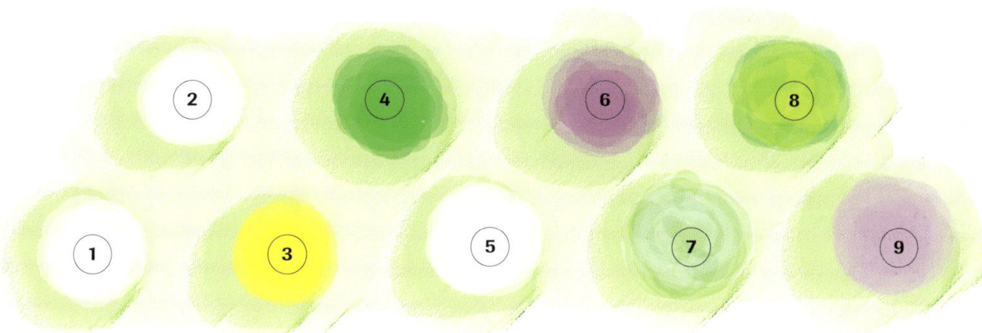

Liste des plantes

1. Deutzia *(Deutzia)*, p. 94.
2. Seringat *(Philadelphus)*, p. 143.
3. Genêt *(Cytisus)*, p. 92.
4. Osmanthus *(Osmanthus)*, p. 140.
5. Viorne *(Viburnum)*, p. 177.
6. Lilas *(Syringa)*, p. 170.
7. Cèdre nain *(Cedrus libani 'Nana')*, p. 75.
8. Myrte *(Myrtus)*, p. 137.
9. Gattilier *(Vitex)*, p. 182.

Les meilleures espèces à fleurs parfumées

Abélia *(Abelia)*.
Chimonanthus *(Chimonanthus praecox)*.
Aubépine *(Crateagus)*.
Escallonia *(Escallonia)*, p. 100.
Oranger du Mexique *(Choisya ternata)*.
Genêt *(Cytisus)*, p. 92.
Deutzia *(Deutzia* - certaines espèces et variétés*)*, p. 94.
Hamamélis *(Hamamelis mollis)*, p. 113.
Jasmin *(Jasminum officinale)*.
Chèvrefeuille *(Lonicera fragrantissima)*, p. 134.
Osmanthus *(Osmanthus)*, p. 140.
Pittosporum *(Pittosporum tenuifolium)*.
Seringat *(Philadelphus* - certaines espèces et variétés*)*, p. 143.
Rosier *(Rosa* - certaines variétés*)*, p. 156.
Genêt d'Espagne *(Spartium)*, p. 162.
Lilas *(Syringa)*, p. 170.
Skimmia *(Skimmia)*.
Viorne *(Viburnum bodnantense, V.* x *carcephaluum, V. carlesii)*, p. 177.

Les meilleures espèces à feuillage odoriférant

Armoise *(Artemisia)*.
Buis *(Buxus sempervirens)*, p. 73.
Cèdre *(Cedrus)*, p. 75.
Faux cyprès *(Chamaecyparis)*, p. 78.
Cyprès *(Cupressus)*, p. 90.
Eucalyptus *(Eucalyptus*, climat doux*)*.
Helichrysum *(Helichrysum ledifolium*, 1 m*)*.
Genévrier *(Juniperus)*, p. 125.
Laurier *(Laurus nobilis)*, p. 128.
Lavande *(Lavandula)*, p. 129.
Myrte *(Myrtus)*, p. 137.
Oléaria *(Olearia*, climat doux*)*, p. 139.
Romarin *(Rosmarinus)*, p. 157.
Santoline *(Santolina)*.
Thuya *(Thuja)*, p. 175.

Les couleurs des fruits : haies à baies décoratives

Au jardin, le printemps et l'été offrent une profusion de fleurs délicates ou somptueuses. En revanche, l'automne est nettement plus chiche. Pourtant, de nombreux arbustes réservent une surprise de fin de saison en se couvrant d'une multitudes de fruits colorés, le plus souvent rouges, mais également orangés, jaunes, violets, bleus, blancs ou noirs. Cette superbe fructification, particulièrement bien venue sur les haies, qui prennent souvent un aspect un peu mélancolique à l'arrivée des premiers froids, présente en outre l'avantage de se prolonger très tard dans la saison, parfois même jusqu'au cœur de l'hiver.

Ces baies décoratives constituent par ailleurs un élément attractif pour les oiseaux, qui en raffolent. Alors que les habitats naturels se raréfient, une haie de fusain, de houx, de berbéris ou de cornouiller représente un précieux garde-manger pour les oiseaux, dont beaucoup voient leurs populations se réduire ou sont même menacés. La plantation de tels végétaux est donc idéale du point de vue de la défense de l'environnement et de la faune, et donne en même temps le grand plaisir d'observer fauvettes et mésanges voleter d'un arbuste à l'autre en picorant les baies.

La haie libre est sans doute la meilleure forme pour les arbustes à fructification ornementale. Elle donne en effet l'occasion de marier les espèces en jouant sur les couleurs des baies, et d'associer différents types de végétaux puisque cette catégorie compte des spécimens à belle floraison printanière ou estivale, tels que les aubépines, certaines viornes et certains rosiers, et des sujets à feuillage persistant comme le houx ou le fusain.

Sureau noir.

Les baies colorées sont aussi du meilleur effet sur les haies régulières, mais il faut alors tailler uniquement à la fin de l'hiver, pour permettre aux fleurs de donner leurs fruits.

Toxicité

Si les baies sont recherchées par la faune sauvage, certaines (aubépine, aucuba, buisson ardent, cotonéaster, houx, if, sureau et troène) sont toxiques pour l'homme. Il convient donc de mettre en garde les enfants.

Viorne.

Berbéris.

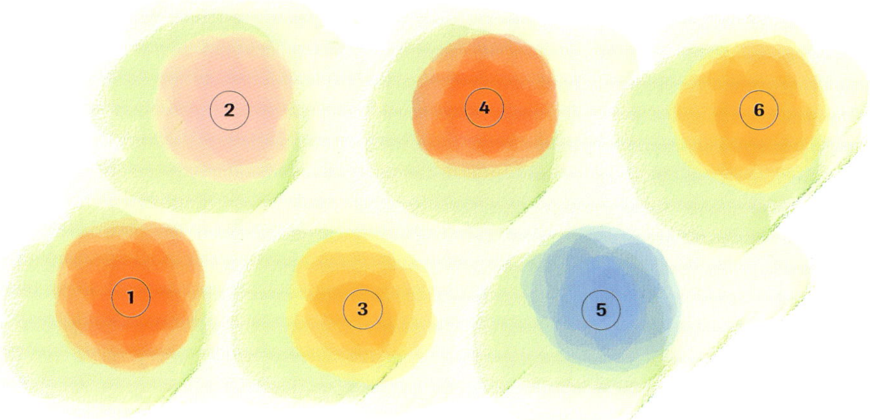

Liste des plantes

1. Berbéris *(Berberis)*, p. 66.
2. Fusain *(Euonymus)*, p. 101.
3. Buisson ardent *(Pyracantha)*, p. 151.
4. Houx *(Ilex)*, p. 123.
5. Sureau *(Sambucus)*, p. 160.
6. Grenadier *(Punica granatum)*, p. 150.

Les meilleures espèces à fruits décoratifs

Aulne *(Alnus cordata)*, p. 62.
Arbousier *(Arbutus unedo)*.
Aucuba *(Aucuba)*, p. 65.
Berbéris *(Berberis)*, p. 66.
Cognassier du Japon *(Chaenomeles)*, p. 76.
Cornouiller *(Cornus mas, C. alba)*, p. 80.
Goumi *(Elaeagnus multiflora)*, p. 97.
Fusain *(Euonymus europaeus, E. phellomanus, E. planipes)*, p. 101.
Argousier *(Hippophae rhamnoides)*, p. 117.
Houx *(Ilcx aquifolium)*, p. 123.
Nandina *(Nandina)*.
Pernettya *(Pernettya mucronata)*.
Photinia *(Photinia serrulata)*, p. 144.
Buisson ardent *(Pyracantha)*, p. 151.
Rosier *(Rosa*, nombreuses espèces et variétés*)*, p. 156.
Sureau rouge *(Sambucus rubra)*, p. 160.
Sarcococca *(Sarcococca ruscifolia)*.
Symphorine *(Symphoricarpos albus)*, p. 167.
Viorne *(Viburnum*, nombreuses espèces et variétés*)*, p. 177.

Déployer les couleurs d'automne

À la fin de la saison, le plus bel ornement du jardin, ce sont les feuillages rouges, jaunes ou orangés, et la haie, par sa masse, donne l'occasion de créer un véritable flamboiement en arrière-plan des autres plantations. Les arbustes à sélectionner sont évidemment des plantes à feuillage caduc, qui présentent en général un autre intérêt que leurs teintes automnales, par exemple une belle floraison pour l'hamamélis ou l'amélanchier, des fruits décoratifs pour le fusain et le cornouiller, ou un joli feuillage d'été pour une large majorité – par exemple l'érable qui, en octobre, vire au jaune lumineux.

La haie libre est la forme de plantation la plus adaptée pour obtenir de beaux effets automnaux. Elle donne la possibilité de réussir de somptueux ensembles, en associant par exemple des espèces à dominante jaune (de l'or au brun) et à dominante rouge (de l'orange vif au cramoisi). On peut aussi n'introduire dans une haie libre qu'une certaine proportion de végétaux colorés en fin de saison – mais il serait dommage de n'en sélectionner aucun.

Outre les érables, véritables champions du jaune et de l'or, les fusains sont particulièrement remarquables, avec une livrée rouge et jaune pour le fusain d'Europe, et rouge foncé pour *Euonymus fortunei* 'Coloratus'. Les cornouillers se distinguent par un jaune orangé intense pour le cornouiller blanc, un jaune lumineux pour le cornouiller mâle et un rouge foncé brillant pour le cornouiller sanguin.

Certaines espèces ont même été tout spécialement sélectionnées pour leurs coloris de fin de saison, comme le weigela Couleur d'Automne 'Courtatom' (2 ou 3 m), à fleurs printanières roses, dont le feuillage vert panaché de vert clair vire au pourpre intense en automne.

Spirée 'Gold Flame'.

Érable.

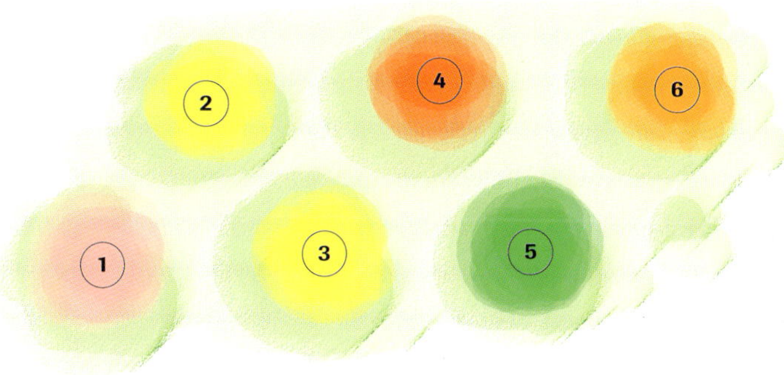

Arbre à perruques.

Liste des plantes

1. Weigela *(Weigela)*, p. 183.
2. Spirée *(Spiraea)*, p. 163.
3. Hamamélis *(Hamamelis)*, p. 113.
4. Sumac de Virginie *(Rhus typhina)*, p. 154.
5. Amélanchier *(Amelanchier canadensis)*, p. 63.
6. Hydrangéa *(Hydrangea quercifolia)*, p. 120.

Les meilleures espèces à feuillage à dominante jaune en automne

Érable *(Acer campestre)*, p. 60.
Cornouiller mâle *(Cornus mas)*, p. 83.
Corylopsis *(Corylopsis pauciflora)*.
Hamamélis *(Hamamelis)*, p. 113.
Robinier faux acacia *(Robinia pseudoacacia)*.

Les meilleures espèces à feuillage à dominante rouge en automne

Amélanchier *(Amelanchier canadensis, A. lamarckii)*, p. 63.
Berbéris *(Berberis media)*, p. 66.
Cornouiller *(Cornus alba, C. sanguinea)*, p. 80
Arbre à perruques *(Cotinus coggygria)*, p. 87.
Fusain *(Euonymus europaeus, E. fortunei)*, p. 101.
Hydrangéa *(Hydrangea quercifolia)*, p. 120.
Saule *(Salix purpurea)*, p. 158.
Spirée *(Spiraea thunbergii)*, p.163.
Viorne *(Viburnum lantana, V. opulus)*, p.177.
Weigela *(Weigela* Couleur d'Automne 'Courtatom'*)*, p. 183.

Fusain.

Créer un alignement doré, argenté ou panaché

Si les espèces à feuillage doré ou argenté sont toujours belles en isolées, elles peuvent donner une impression de tristesse et de mélancolie quand elles sont en groupe, a fortiori en haie. Par exemple, un alignement de conifères uniformément argentés donne souvent une ambiance sépulcrale : il convient donc d'être prudent !

Tout dépend évidemment de l'environnement. Les arbustes à feuillage doré préfèrent en général une ombre légère, le soleil intense pouvant même causer des brûlures sur les feuilles. Vous pourrez donc les planter devant un arrière-plan d'arbres et de grands arbustes à feuillage bien vert ou devant un mur escaladé par des clématites ou des glycines. En revanche, mieux vaut les éviter quand il n'y a rien derrière ou devant un mur blanc.

Les plantes à feuillage argenté aiment en général le plein soleil, d'ailleurs indispensable pour qu'elles révèlent toute leur valeur décorative. Là encore, on fera jouer les contrastes de manière à animer les teintes. Dans cette catégorie, on compte de nombreux petits arbustes originaires de régions chaudes idéaux pour constituer des séparations au jardin. Ce sont notamment le romarin, la santoline, la lavande, le pérovskia, ainsi

Oléaria.

qu'une belle espèce persistante à éclatante floraison jaune, *Senecio greyi* (pour climats doux et situations chaudes).

Les arbustes à feuillage panaché de jaune ou de blanc sont en général un peu plus fragiles que les espèces à feuillage vert, dont ils sont issus par sélection. Ils demandent une situation bien éclairée, car ils ont tendance à perdre leur panachure à l'ombre – de même qu'après une taille trop sévère ou un apport trop généreux d'engrais azoté. Dans les catalogues, les cultivars sont souvent désignés par les noms 'Aureomarginatum', 'Aureum' (jaune) et 'Variegatum' (blanc). Les sujets panachés de blanc sont les plus faciles à utiliser et excellent notamment à mettre en valeur les teintes vives d'une plate-bande de plantes fleuries.

Lavande.

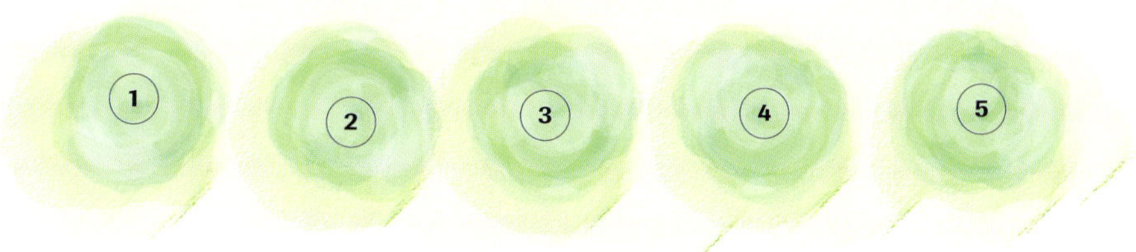

Liste des plantes
Haie à feuillage argenté

1. Romarin *(Rosmarinus)*, p. 157.
2. Oléaria *(Olearia)*, p. 139.
3. Arroche *(Atriplex halimus)*, p. 64.
4. Pérovskia *(Perovskia* x 'Superba'*)*, p. 142.
5. Lavande *(Lavandula)*, p. 129.

Les meilleures espèces et variétés à feuillage panaché de jaune ou de blanc

Aucuba *(Aucuba japonica* 'Crotonifolia' et 'Variegata'*)*, p. 65.
Buis *(Buxus sempervirens* 'Elegans'*)*, p. 73.
Cornouiller *(Cornus alba* 'Elegantissima' et 'Gouchaultii'*)*, p. 80.
Fusain *(Euonymus*, nombreuses variétés*)*, p. 101.
Lierre *(Hedera helix*, nombreuses variétés*)*.
Houx *(Ilex aquifolium*, nombreuses variétés*)*, p. 123.
Pittosporum *(Pittosporum tenuifolium* 'Variegatum'*)*.
Weigela *(Weigela florida* 'Variegata'*)*, p. 183.

Les meilleures espèces et variétés à feuillage doré

Chamaecyparis *(Chamaecyparis*, nombreuses variétés*)*, p. 78.
Cyprès *(Cupressus*, nombreuses variétés*)*, p. 90.
Genévrier *(Juniperus*, nombreuses variétés*)*, p. 125.
If *(Taxus baccata*, nombreuses variétés*)*, p. 174.
Robinier faux acacia *(Robinia pseudoacacia* 'Frisia'*)*.
Spirée *(Spiraea* x *bumalda* 'Goldflame'*)*, p. 163.
Thuya *(Thuja*, nombreuses variétés*)*, p. 175.

Les meilleures espèces et variétés à feuillage argenté

Arroche *(Atriplex halimus)*, p. 64.
Buddléia *(Buddleja davidii*, nombreuses variétés*)*, p. 72.
Olivier de Bohême *(Elaeagnus angustifolia)*, p. 97.
Argousier *(Hippophae rhamnoides)*, p. 117.
Lavande *(Lavandula)*, p. 129.
Oléaria *(Olearia)*, p. 139.
Pérovskia *(Perovskia* x 'Superba'*)*, p. 142.
Potentille *(Potentilla fruticosa*, nombreuses variétés*)*.
Romarin *(Rosmarinus)*, p. 157.
Santoline *(Santolina chamaecyparissus)*.
Senecio *(Senecio greyi)*.
Conifères (nombreuses espèces et variétés).

INTRODUIRE DES FEUILLAGES COLORÉS : HAIES POURPRÉES ET BLEUTÉES

Un certain nombre d'arbustes, adaptés aux haies, offrent un feuillage pourpré, parfois même franchement rouge. Ils sont spectaculaires dans la pépinière, et fort séduisants. Toutefois, il faut être prudent. En effet, une masse rougeâtre en arrière-plan ne convient pas à tous les jardins ni à toutes les situations. Parfois, une haie pourpre dégage une certaine tristesse, et prend même un aspect presque menaçant quand le temps est gris ou sous la pluie. En revanche, ces teintes peuvent devenir flamboyantes et gaies sous le soleil, surtout lorsque ce coloris puissant est équilibré par des verts frais ou nuancés de jaune. On pourra donc opter pour cette solution lorsque l'environnement s'y prête, en particulier quand l'arrière-plan est constitué d'arbres ou d'arbustes variés, notamment à feuillage caduc, ainsi que dans les régions bien ensoleillées.

Les espèces qui répondent à ces caractéristiques sont assez nombreuses, mais c'est peut-être chez les berbéris que l'on trouve les teintes les plus soutenues. Toutefois, on retiendra aussi le noisetier pourpre, robuste et rustique, un prunier à fleurs *(Prunus cerasifera* 'Atropurpurea'*)* à la nuance pourpre foncé très intense, ainsi que le hêtre pourpre *(Fagus sylvatica* 'Atropurpurea'*)*, remarquable en haie libre comme en haie taillée. Bien entendu, une note pourpre est toujours décorative dans les haies libres, et l'on pourra donc intégrer les espèces citées

Érable pourpre.

à un ensemble d'arbustes à feuillage vert de diverses nuances.

Il en va un peu de même pour les haies bleutées, essentiellement constituées de conifères. En situation découverte, sans plantations autour, elles prennent facilement un aspect mélancolique. En revanche, quand leur bleu est mis en valeur par des contrastes, par exemple avec des feuillages clairs ou, au contraire, très sombres, elles prennent une tout autre allure. Toutefois, c'est surtout dans les régions côtières, sous le vent et le ciel marins, que les alignements de conifères bleutés révèlent toute leur valeur et leur beauté.

Liste des plantes
Haie libre pourprée

1. Érable *(Acer palmatum* 'Rubrum'*)*, p. 60.
2. Noisetier *(Corylus maxima* 'Purpurea'*)*, p. 85.
3. Prunier à fleurs *(Prunus cerasifera* 'Atropurpurea'*)*, p. 146.
4. Photinia *(Photinia* x *fraseri* 'Royal Red'*)*, p. 144.
5. Weigela *(Weigela florida* 'Purpurea'*)*, p. 183.

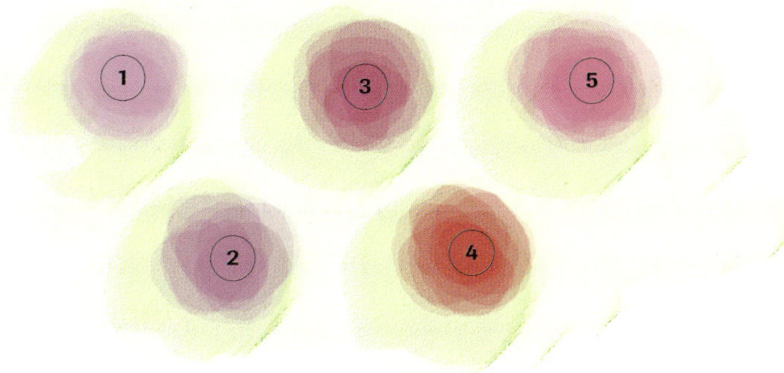

Les meilleures espèces à feuillage pourpré

Érable *(Acer palmatum* 'Rubrum'*)*, p. 60.
Berbéris *(Berberis* x *media* 'Red Jewel', *B.* x *ottawensis* 'Superba', *B. thunbergii* et ses cultivars : 'Atropurpurea', 'Dart's Purple', 'Red Chief'*)*, p. 66.
Noisetier pourpre *(Corylus maxima* 'Purpurea'*)*, p. 85.
Arbre à perruques *(Cotinus coggygria* 'Rubrifolius'*)*, p. 87.
Hêtre pourpre *(Fagus sylvatica* 'Purpurea'*)*.
Prunier à fleurs *(Prunus cerasifera* 'Atropurpurea'*)*, p. 146.
Weigela *(Weigela florida* 'Purpurea'*)*, p. 183.

Les meilleurs conifères à feuillage bleuté

Cyprès de Lawson *(Chamaecyparis lawsoniana,* cultivars : 'Columnaris', 'Ellwoodii', 'Pembury Blue'*)*, p. 78.
Cyprès de Leyland (x *Cupressocyparis leylandii* 'Naylor's Blue').
Cyprès bleu de l'Arizona *(Cupressus arizonica* 'Conica', *C. arizonica* 'Fastigiata'*)*, p. 90.
Genévrier *(Juniperus chinensis* 'Blue Alp', *J. communis* – nombreux cultivars –, *J.* x *media* – nombreux cultivars –, *J. squamata* – nombreux cultivars*)*, p. 125.

Genévrier.

Photinia.

Unifier les couleurs de la haie : une floraison monochrome

Les accords de teintes bien pensés ne sont pas la solution unique en ce qui concerne les alignements d'arbustes à fleurs. Vous avez également la possibilité de sélectionner des espèces de la même couleur, ce qui permet d'obtenir un fort beau volume si les plantes fleurissent à la même époque, et une constance du ton si elles se succèdent, ce qui est généralement préférable. L'intérêt d'une haie monochrome, c'est qu'elle contribue grandement à donner au jardin un style bien spécifique. C'est le cas, par exemple, d'une haie blanche, qui apporte beaucoup d'élégance et de fraîcheur et qui, en éclaircissant les arrière-plans, donne une impression de profondeur. Il n'y a pas lieu de craindre qu'une telle haie soit synonyme de monotonie ; au contraire, par l'unité qu'elle introduit et en constituant un fond, elle donne la possibilité de procéder par contrepoint et de mieux mettre en valeur les plantes du jardins – et les couleurs de leur floraison.

La haie blanche, à cet égard, est donc souvent le meilleur choix, car elle laisse ouvertes toutes les possibilités pour le reste des plantations. En outre, elle concerne un grand nombre d'arbustes (oranger du Mexique, hydrangéas, troènes, seringats, spirées, viornes...), avec des floraisons étalées sur la plus grande partie de l'année. La haie jaune peut être intéressante car elle forme également une masse claire, mais avec un caractère plus éclatant et plus chaleureux – il suffit de penser à la générosité du forsythia ou des genêts.

La haie rose éclaircit elle aussi les arrière-plans, et donne en général au jardin une note délicate, romantique et tendre. Là encore, les espèces possibles sont assez nombreuses, avec par exemple les lilas, les tamaris et les weigelas.

Quant à la haie rouge, elle semble diminuer les distances, ce qui peut être intéressant pour équilibrer visuellement une forme irrégulière. Toutefois, les candidats ne sont pas très nombreux, exception faite du cognassier du Japon, du rosier et du weigela.

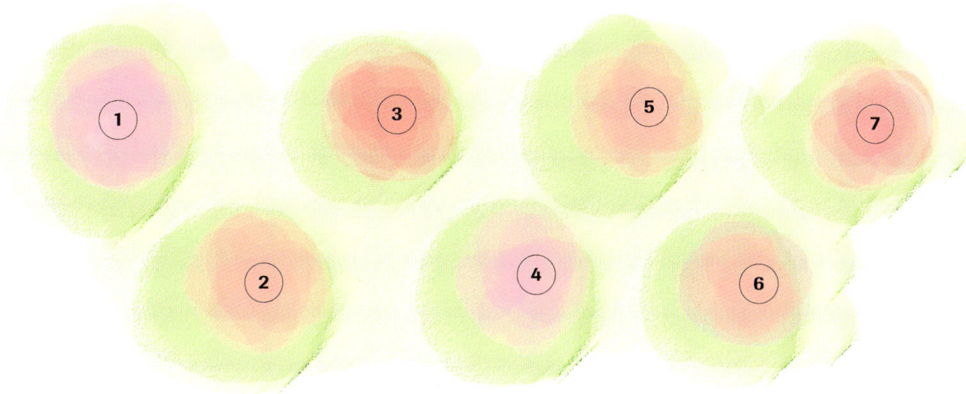

Liste des plantes

Pour une haie rosée

1. Mauve en arbre *(Hibiscus)* p. 116.
2. Lilas *(Syringa)*, p. 170.
3. Laurier-rose *(Nerium)*, p. 138.
4. Escallonia *(Escallonia)*, p. 100.
5. Rosier *(Rosa)*, p. 156.
6. Tamaris *(Tamarix)*, p. 172
7. Grévillée *(Grevillea)*, p. 112.

Les meilleures espèces à floraison blanche

Amélanchier *(Amelanchier)*, p. 63.
Arbousier *(Arbutus unedo)*.
Oranger du Mexique *(Choisya ternata)*.
Aubépine *(Crateagus)*.
Deutzia *(Deutzia*, certaines espèces et variétés*)*, p. 94.
Hydrangéa *(Hydrangea*, nombreuses espèces*)*, p. 118.
Jasmin *(Jasminum officinale)*.
Troène *(Ligustrum)*, p. 131.
Osmanthus *(Osmanthus)*, p. 140.
Seringat *(Philadelphus)*, p. 143.
Buisson ardent *(Pyracantha)*, p. 151.
Robinier faux acacia *(Robinia pseudoacacia)*.
Rosier *(Rosa*, nombreuses variétés*)*, p. 156.
Skimmia *(Skimmia)*.
Spirée *(Spiraea*, diverses espèces*)*, p. 163.
Viorne *(Viburnum*, nombreuses espèces et variétés*)*, p. 177.
Weigela *(Weigela* 'Snowflake'*)*, p. 183.

Les meilleures espèces à floraison jaune

Berbéris *(Berberis*, diverses espèces), p. 66.
Chimonanthus *(Chimonanthus praecox)*.
Cornouiller *(Cornus mas)*, p. 80.
Genêt *(Cytisus)*, p. 92.
Forsythia *(Forsythia)*, p. 105.
Genêt *(Genista lydia)*, p. 108.
Hamamélis *(Hamamelis)*, p. 113.
Millepertuis *(Hypericum*, nombreuses espèces*)*, p. 122.
Potentille *(Potentilla fruticosa*, nombreux cultivars*)*.
Rosier *(Rosa*, nombreuses variétés*)*, p. 156.
Santoline *(Santolina chamaecyparissus)*.
Genêt d'Espagne *(Spartium)*, p. 162.

Les meilleures espèces à fleurs roses

Cognassier du Japon *(Chaenomeles)*, p. 76.
Cotonéaster *(Cotoneaster*, certaines variétés*)*, p. 88.
Aubépine *(Crateagus)*.
Daphné *(Daphne mezereum)*.
Deutzia *(Deutzia*, certaines espèces et variétés*)*, p. 94.
Mauve en arbre *(Hibiscus syriacus)*, p. 116.
Kalmia *(Kalmia latifolia)*.
Laurier-rose *(Nerium*, climat doux*)*, p. 138.
Prunus *(Prunus*, nombreuses espèces et variétés*)*, p. 146.
Rhododendron *(Rhododendron*, nombreuses variétés).
Rosier *(Rosa*, nombreuses variétés*)*, p. 156.
Lilas *(Syringa)*, p. 170.
Spirée *(Spiraea*, diverses variétés*)*, p. 163.
Tamaris *(Tamarix)*, p. 172.
Weigela *(Weigela)*, p. 183.

Un choix adapté à la nature du sol

Si de nombreuses espèces – que l'on décrit généralement comme convenant pour une terre « ordinaire » – acceptent des types de sols variés, d'autres en revanche ont des exigences bien précises, notamment les plantes dites « de terre de bruyère », comme les rhododendrons et les azalées, qui redoutent le calcaire, ou encore les arbustes qui, au contraire, ne supportent pas un substrat acide, à l'exemple du romarin ou du forsythia.

Pour une plantation massive et de longue durée comme une haie, il n'est guère concevable de chercher à modifier le sol par un apport de terre, même important. En effet, les caractéristiques naturelles du terrain finissent toujours par reprendre le dessus et les végétaux par décliner. De même, des arbustes aimant les sols frais ne s'adapteront jamais comme il faut en sol sec : donc, pas de bambous ni d'hydrangéas dans un sol caillouteux du sud de la France !

Les sols humides, pour leur part, peuvent être asséchés par des travaux appropriés – apport d'un lit souterrain de cailloux ou installations de drains. Toutefois, même ainsi, il est inutile de faire courir des risques à vos plantations en tentant d'adapter des genêts ou des lavandes.

Toutefois, dans les listes ci-après, de nombreuses espèces qui préfèrent tel type de terre, peuvent aussi s'adapter en sol ordinaire. C'est le cas du fusain qui, s'il préfère une certaine fraîcheur, accepte aussi un substrat moyen et normalement drainé.

Liste des plantes

Pour sol sec

1. Olivier de Bohême *(Elaeagnus angustifolia)*, p. 97.
2. Seringat *(Philadelphus)*, p. 143.
3. Groseillier à fleurs *(Ribes)*, p. 155.
4. Viorne *(Viburnum)*, p. 177.
5. Diervillé *(Diervillea* x *splendens)*, p. 96.

Les meilleures espèces pour sol acide

Érable *(Acer palmatum, Acer japonicum)*, p. 60.
Azalée *(Rhododendron)*.
Camélia *(Camellia)*.
Hydrangéa *(Hydrangea)*, p. 118.
Piéris *(Pieris)*.
Rhododendron *(Rhododendron)*.
Skimmia *(Skimmia)*.

Les meilleures espèces pour sol calcaire

Arbousier *(Arbutus unedo)*.
Berbéris (nombreuses espèces), p. 66.
Buddléia *(Buddleja)*, p. 72.
Buis *(Buxus)*, p. 73.
Caryoptéris *(Caryopteris)*.
Céanothe *(Ceanothus)*.
Cèdre *(Cedrus)*, p. 75.
Noisetier *(Corylus)*, p. 85.
Arbre à perruques *(Cotinus)*, p. 87.
Cotonéaster *(Cotoneaster)*, p. 88.
Deutzia *(Deutzia)*, p. 94.
Forsythia *(Forsythia)*, p. 105.
Genêt *(Genista)*, p. 108.
Mauve en arbre *(Hibiscus)*, p. 116.
Millepertuis *(Hypericum)*, p. 122.
Laurier *(Laurus nobilis)*, p. 128.
Lavande *(Lavandula)*, p. 129.
Chèvrefeuille *(Lonicera nitida)*, p. 134.
Groseillier à fleurs *(Ribes)*, p. 155.
Romarin *(Rosmarinus)*, p. 157.
Sureau *(Sambucus)*, p. 160.
Genêt d'Espagne *(Spartium junceum)*, p. 162.
Symphorine *(Symphoricarpos)*, p. 167.
Lilas *(Syringa)*, p. 170.
Tamaris *(Tamarix)*, p. 172.
If *(Taxus baccata)*, p. 174.
Thuya *(Thuja)*, p. 175.
Viorne *(Viburnum)*, p. 177.
Weigela *(Weigela)*, p. 183.

Les meilleures espèces pour sol sableux

Berbéris *(Berberis)*, p. 66.
Buis *(Buxus)*, p. 73.
Céanothe *(Ceanothus)*.
Cyprès *(Cupressus)*, p. 90.
Fusain *(Euonymus japonicus)*, p. 101.
Mauve en arbre *(Hibiscus)*, p. 116.
Argousier *(Hippophae)*, p. 117.
Hydrangéa *(Hydrangea)*, p. 118.
Genévrier *(Juniperus)*, p. 125.
Kalmia *(Kalmia)*.
Seringat *(Philadelphus)*, p. 143.
Photinia *(Photinia)*, p. 144.
Laurier-cerise *(Prunus laurocerasus)*, p. 146.
Tamaris *(Tamarix)*, p. 172.

Les meilleures espèces pour sol humide

Bambous (de nombreuses espèces et variétés).
Cognassier du Japon *(Chaenomeles)*, p. 76.
Chimonanthus *(Chimonanthus praecox)*.
Cyprès de Lawson *(Chamaecyparis lawsoniana)*, p. 78.
Cornouiller *(Cornus)*, p. 80.
Corylopsis *(Corylopsis pauciflora)*.
Diervillé *(Diervilla)*, p. 96.
Fusain *(Euonymus)*, p. 101.
Hamamélis *(Hamamelis)*, p. 113.
Lierre *(Hedera helix)*.
Argousier *(Hippophae)*, p. 117.
Hydrangéa *(Hydrangea)*, p. 118.
Sureau *(Sambucus)*, p. 160.
Spirée *(Spiraea* x *vanhouttei)*, p. 163.
Symphorine *(Symphoricarpos)*, p. 167.
Thuya *(Thuja occidentalis)*, p. 175.
Viorne *(Viburnum opulus)*, p. 177.

Les meilleures espèces pour sol sec

Arbousier *(Arbutus unedo)*.
Berbéris *(Berberis)*, p. 66.
Buis *(Buxus)*, p. 73.
Cèdre *(Cedrus)*, p. 75.
Cornouiller mâle *(Cornus mas)*, p. 80.
Arbre à perruques *(Cotinus)*, p. 87.
Cyprès *(Cupressus)*, p. 90.
Olivier de Bohême *(Elaeagnus angustifolia)*, p. 97.
Genêt *(Genista)*, p. 108.
Millepertuis *(Hypericum)*, p. 122.
Genévrier *(Juniperus)*, p. 125.
Lavande *(Lavandula)*, p. 129.
Troène *(Ligustrum)*, p. 131.
Chèvrefeuille *(Lonicera nitida)*, p. 134.
Pérovskia *(Perovskia)*, p. 142.
Seringat *(Philadelphus)*, p. 143.
Potentille *(Potentilla)*.
Groseillier à fleurs *(Ribes)*, p. 155.
Genêt d'Espagne *(Spartium)*, p. 162.
Tamaris *(Tamarix)*, p. 172.
If *(Taxus baccata)*, p. 174.
Viorne *(Viburnum lantana)*, p. 177.

Isoler provisoirement un coin du jardin : haies saisonnières et temporaires

Les plantes herbacées disparaissent en automne pour ressortir au printemps quand elles sont vivaces, et meurent en automne quand elles sont annuelles. Parmi elles, de nombreuses espèces dressées et de haute taille excellent à former des haies légères et estivales, souvent très florifères et parfois à feuillage spectaculaire (comme le ricin).

Elles offrent de nombreuses possibilités, par exemple pour séparer deux parties du jardin, pour abriter des regards le coin de gazon où vous prenez votre bain de soleil, pour masquer un grillage en attendant que les arbustes de la haie poussent ou encore pour constituer un arrière-plan à une plate-bande.

Parmi les plus grandes, vous retiendrez en particulier le ricin (annuelle), plante aux formes étranges et architecturales, dont le feuillage généreux apporte une note exotique, la rose trémière (bisannuelle), délicieusement romantique, ou encore le tournesol (annuelle), imposant et aux fleurs spectaculaires.

Quant aux grimpantes annuelles (capucine et volubilis), à croissance rapide, elles constituent des écrans qui protègent parfaitement l'intimité. Il suffit de leur donner de légers supports – tuteurs en tipi ou en rames pour haricot, ou fils tendus. Vous pouvez aussi faire coup double en laissant par exemple grimper du pois de senteur sur des tiges de maïs.

Liste des plantes
Mieux vaut une plantation monospécifique (soit des vivaces, soit des annuelles, etc.)
1. Soleil *(Helianthus).*
2. Delphinium *(Delphinium).*
3. Rose trémière *(Alcea* rosea).

Plantes vivaces
– Casque de Jupiter *(Aconitum napel) :* 1,50 m de haut ; gros épis bleus en été, feuillage foncé et dense.
– Delphinium *(Delphinium) :* 1,80 m de haut ; grands épis dressés bleus, roses ou blancs en été ; essayer le cultivar 'Pacific'.
– Digitale *(Digitalis) :* 1,50 m de haut ; grandes inflorescences dressées en été ; feuillage basal ; essayer la digitale pourpre pour la mi-ombre.
– Panicaut *(Eryngium) :* 1,20 m de haut ; chardon à inflorescences bleutées ; essayer *E. planum.*
– Lupin *(Lupinus) :* 1 m de haut ; gros et longs épis de tous coloris, à la fin du printemps ; essayer les hybrides de Russel.
– *Rudbeckia (Rudbeckia) :* 1,50 m de haut ; grandes fleurs jaunes à cœur brun ou vert en fin d'été, sur longues tiges dressées ; essayer *R. laciniata.*

Graminées vivaces
– Herbe de la pampa *(Cortaderia selloana) :* 3 m de haut ; grands épis plumeux et feuillage persistant en touffe basale.
– Herbe-aux-écouvillons *(Pennisetum macrourum) :* 2 m de haut ; grands épis soyeux sur tiges souples et feuillage persistant, en touffe.

Graminée annuelle
– Maïs *(Zea mays) :* 1,50 m de haut ; épis jaunes ou multicolores sur fortes tiges.

Plantes annuelles et bisanuelles
– Rose trémière *(Alcea rosea) :* 2 m de haut ; fleurs simples ou doubles, de coloris variés, sur tige raide, avec touffe de feuillage basal (bisannuelle).
– Cosmos *(Cosmos) :* 1,20 m de haut ; grandes fleurs roses, blanches ou pourpres, sur tiges grêles ; essayer 'Candystripe'.
– Kochia *(Basia scoparia) :* 1,20 m de haut ; touffe dressée de feuillage fin, évoquant un petit conifère.
– Pied-d'alouette *(Delphinium) :* 1 m de haut ; version annuelle du delphinium, plus bas mais très florifère.
– Soleil *(Helianthus)* : de 1 à 3,50 m ; grosses fleurs jaunes, solitaires ou en groupes, sur fortes tiges raides ; essayer notamment 'Giganteus', 3 m de haut, à très grandes fleurs, et 'Titan', 3,50 m
de haut, à fleurs énormes.
– Mauve *(Malva sylvestris) :* 1,20 m de haut ; bouquets de fleurs pourpre rosé et feuillage en grosse touffe ; vivace cultivée en annuelle ou bisannuelle.
– Ricin *(Ricinus communis) :* de 2 à 3 m de haut ; plante dressée d'aspect exotique à feuilles amples ; essayer les cultivars 'Carmencita', à feuillage pourpré, et 'Zanzibarensis', à très grandes feuilles vertes.

Tubéreuse
– Dahlia *(Dahlia) :* 1,20 m de haut ; nombreuses variétés de grandes tailles, à fleurs de type cactus, pompon, décoratif, dentelle...

Grimpantes
– Pois de senteur *(Lathyrus odoratus) :* 2,50 m de haut ; petit feuillage frais et fleurs en papillon de coloris variés ; essayer les race Multiglora et Galaxy.
– Capucine *(Tropaeolum majus) :* 3 m de haut ; à grandes feuilles arrondies et fleurs orangées, jaunes ou rouges.

Les espèces

Acer

Érable

Fam. : Acéracées

Thèmes : p. 32 ; 34 ; 36 ; 40 ; 50

Culture

Espèces en général peu exigeantes, pour la mi-ombre ou le soleil, que l'on peut en général cultiver en cépée.

Taille : supporte des tailles sévères, au sécateur, en hiver.

Sol : ordinaire, même aride et calcaire.

Multiplication : semis en février-mars ; bouturage au printemps ; greffe en été.

Descriptif

Acer campestre

Érable champêtre

Arbre ramifié à cime arrondie et à branches latérales étalées. Grandes feuilles de 6 à 10 cm lobées, vertes, puis rougeâtres ou jaunâtres à l'automne. Fleurs vertes à jaunâtres, abondantes mais peu spectaculaires.

Origine : Europe.

Dimensions : 15 m de haut, 5 m d'étalement – ou 5 m de haut et 3 m d'étalement (cépée).

Utilisation : haies libres ou taillées (cépées), brise-vent.

Variétés : 'Elsrijk', plus petit et plus régulier ; 'Nanum', 2 m de haut et 1,50 m de large, adapté aux haies taillées ; 'Postelense', nain, à feuilles jaunes à l'automne ; 'Pulverulentum', à feuilles ponctuées de blanc ; 'Royal Ruby', rougeâtre au printemps.

Particularité : espèce à fleurs très mellifères.

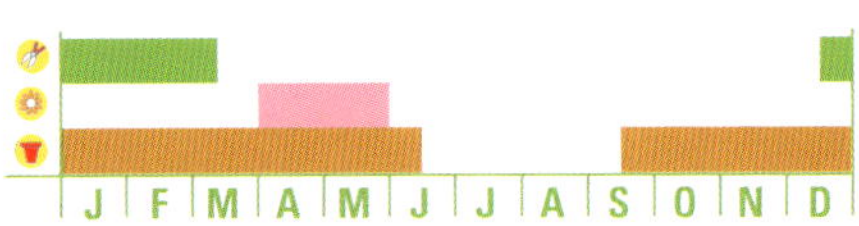

Ci-dessus : érable champêtre *(Acer campestre)*.

Ci-contre : fleurs de l'érable champêtre.

Acer negundo

Érable négundo

Arbre très rustique, de faible longévité, à tronc bref doté de renflements et à port arrondi. L'écorce s'assombrit et se craquelle modérément avec l'âge. Feuilles de 15 cm de long, vert clair, composées de cinq à sept folioles ovales, pointues et dentelées. Espèce dioïque : les fleurs, qui précèdent l'apparition des feuilles, sont rougeâtres sur les pieds mâles et verdâtres sur les femelles. Un pied femelle ne porte de fruits que s'il a été fécondé par un pied mâle : veillez donc à réunir des plants des deux sexes.

Origine : Amérique du Nord.

Dimensions : 13 m de haut et 5 m d'étalement ; 3 m de haut et de 1 à 2 m d'étalement (cépée).

Variétés : 'Auratum', à feuilles jaune vif ; 'Aureomarginatum', de taille plus réduite, à feuillage panaché (feuilles bordées de jaune clair) très décoratif ; 'Elegans', à feuilles bordées de jaune ; 'Flamingo', à feuilles largement panachées de blanc, qui virent du rose clair au vert franc, le meilleur pour les haies ; 'Variegatum', à feuilles irrégulièrement marginées de blanc.

Érable négundo *(Acer negundo)*.

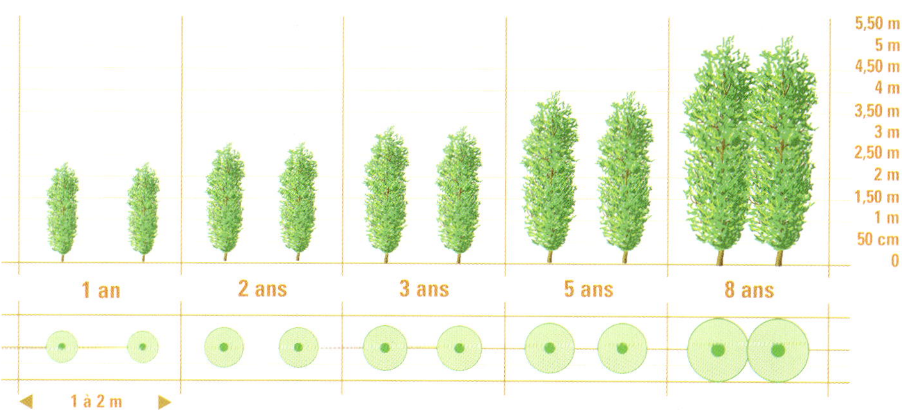

Alnus cordata

Aulne de Corse

Fam. : Bétulacées
Thème : p. 40

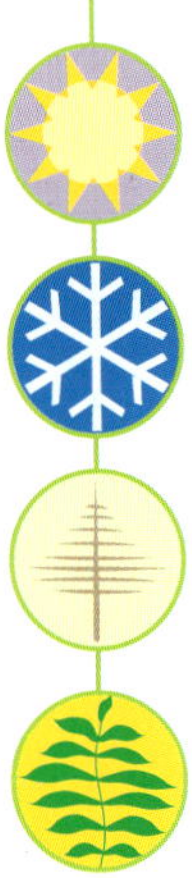

Culture

Cette espèce, qui supporte les régions arides et le bord de mer, peut être traitée en cépée (en sol humide, on lui préférera *Alnus glutinosa*).

Taille : au sécateur, en hiver.

Sol : espèce peu exigeante, supportant une terre sèche et même calcaire.

Multiplication : semis et greffe en début d'année.

Descriptif

Bel arbre à cime pyramidale. Les feuilles, de 7 à 10 cm de long, vert foncé et lustrées, ovales et à denture émoussée, ne tombent qu'au début de l'hiver. Les fleurs en chatons – pendants pour les mâles, ovoïdes et en grappes pour les femelles – précèdent le feuillage. Les fruits sont de petits cônes dressés de 2 cm de long.

Origine : Corse, Italie méridionale.

Dimensions : 15 m de haut et 8 m d'étalement ; 5 m de haut et de 2 à 3 m d'étalement (cépée).

Utilisation : haies libres, brise-vent.

Particularité : fruits décoratifs en hiver, lorsque le feuillage a disparu.

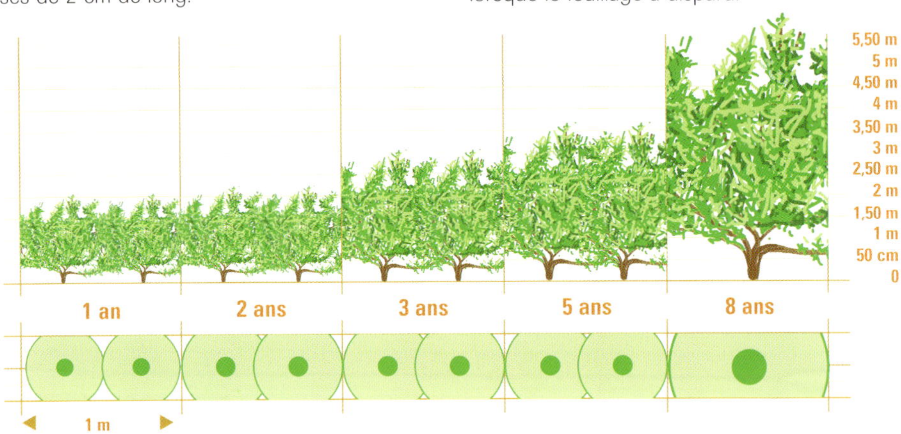

Amelanchier canadensis

AMÉLANCHIER

Fam. : Rosacées
Thèmes : p. 32 ; 34 ; 44

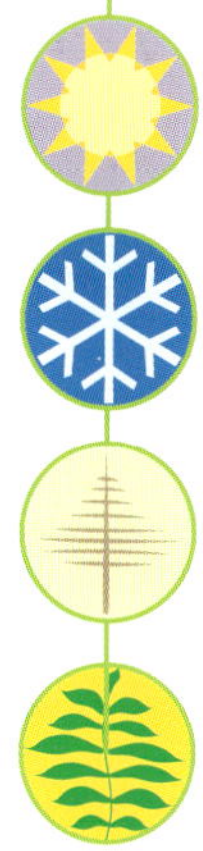

DESCRIPTIF

Arbuste dressé très coloré au printemps et à l'automne, originaire d'Amérique du Nord, mais naturalisé dans certains pays d'Europe. Feuilles de 5 à 8 cm de long, oblongues ou elliptiques, d'abord vert foncé puis orangées à l'automne, n'apparaissant qu'après la floraison. Nombreuses fleurs en grappes blanches. Petits fruits comestibles à la fin de l'été.

Origine : Amérique du Nord (littoral Atlantique).

Dimensions : de 6 à 8 m de haut et 5 m d'étalement.

Utilisation : haies libres ou taillées.

Particularité : les rameaux fleuris printaniers font de beaux bouquets.

CULTURE

Cette espèce apprécie les pentes ensoleillées, mais elle supporte un peu d'ombre.

Taille : à la cisaille, en hiver.

Sol : profond et frais, ni trop humide ni trop calcaire.

Multiplication : bouturage « en sec » à talon ou sous l'œil, de novembre à mars.

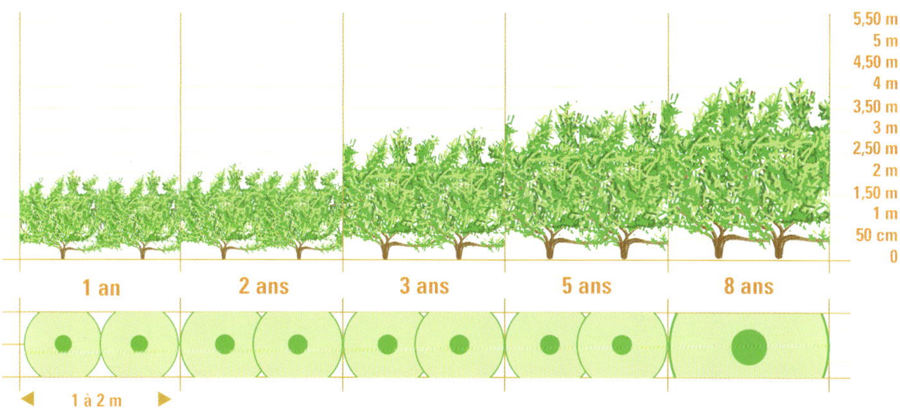

Atriplex halimus

Pourpier de mer

Fam. : Chénopodiacées
Thème : p. 48

Culture

Cette espèce, souvent cultivée en bac en raison de sa faible rusticité, peut être installée en pleine terre en région tempérée – avec une protection hivernale – en bande boisée ou en brise-vent, pour abriter d'autres espèces. Supportant les terres salées et les embruns, elle est de plus bien adaptée aux jardins de bord de mer. Elle ne nécessite qu'un arrosage modéré.

Taille : au sécateur, au printemps.

Sol : léger, même médiocre et sec.

Multiplication : semis d'avril à juin. Bouturage « en sec » à talon ou sous l'œil de novembre à mars.

Descriptif

Petit arbuste très ramifié, typique des côtes du sud de l'Europe. Feuilles glauques de 1 à 6 cm de long, triangulaires à ovales. Minuscules fleurs rougeâtres.

Origine : Europe méridionale.

Dimensions : 2 m de haut et 1,50 m d'étalement.

Utilisation : haies libres ou taillées, brise-vent.

Particularité : les feuilles, comestibles et à vertus diurétiques, sont excellentes en salade.

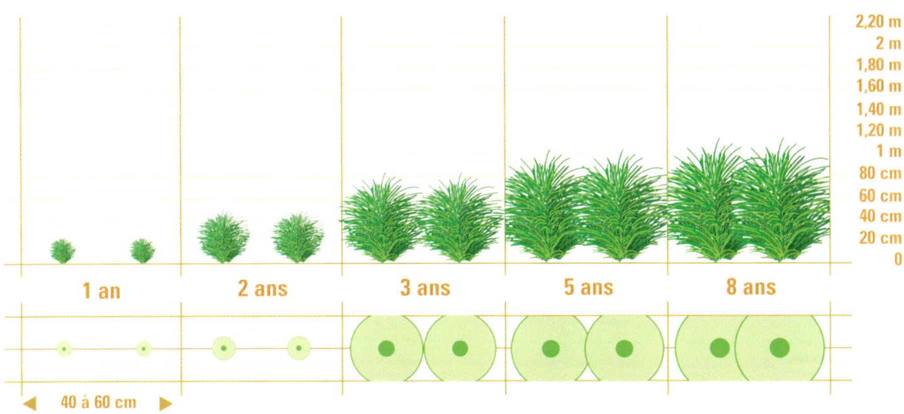

Aucuba du Japon

Fam. : Cornacées
Thèmes : p. 32 ; 34

Culture

Espèce adaptée aux situations ombragées du jardin, en exposition nord ou est, et résistant à la pollution urbaine. En région parisienne, paillez ou buttez le pied à l'annonce de grands froids.
Taille : au sécateur, au printemps.
Sol : frais et plutôt siliceux.
Multiplication : boutures à talon mi-aoûtées ou ligneuses d'août à octobre.

Descriptif

Arbuste touffu et compact. Grandes feuilles de 10 à 20 cm, ovales ou elliptiques, dentées et panachées, à taches jaunes sur fond vert brillant. Espèce dioïque : il faut réunir des pieds mâles et femelles pour que ces derniers, à petites fleurs pourpres au printemps, donnent des fruits elliptiques rouges et persistants en hiver.
Origine : Corée, Japon.

Dimensions : de 1,50 à 2,50 m de haut et 1,50 m d'étalement.
Utilisation : haies libres ou taillées, brise-vent.
Variétés : 'Crotonifolia', à fleurs femelles blanches et à feuilles panachées ; 'Variegata', de grande taille (de 2 à 2,50 m de haut et 1,50 m d'étalement), moins panaché que 'Crotonifolia' et à belles fleurs femelles.

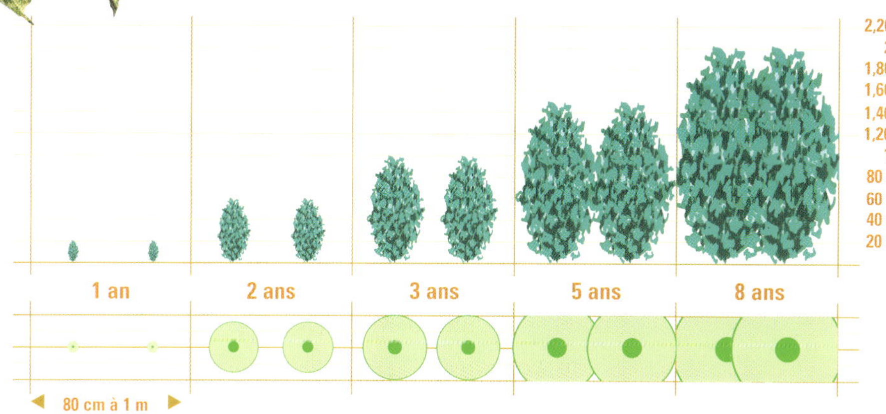

Berberis

ÉPINE-VINETTE

Fam. : Berberidacées
Thèmes : p. 32 ; 34 ; 38 ; 44

Berberis buxifolia 'Nana'.

Berbéris à feuillage persistant

CULTURE

Époque de plantation : automne ou début du printemps pour les espèces rustiques ; après les gelées pour les plus sensibles.
Taille : au sécateur ou à la cisaille, au printemps.
Multiplication : semis sur couche tiède, en mars-avril, et boutures à talon ligneuses de juillet à septembre.

DESCRIPTIF

Berberis buxifolia

Buisson compact à rameaux épineux et bruns, décoratif par son port et ses fleurs. Petites feuilles de 1 à 3 cm de long, à belles teintes automnales. Fleurs isolées ou par paires et orangées. Petits fruits rougeâtres – baies de 2 cm de diamètre – et peu abondants.
Origine : Chili.

Distance de plantation : de 40 à 60 cm.
Dimensions : de 1 à 3 m de haut et de 70 cm à 2,50 m d'étalement.
Utilisation : haies défensives libres ou taillées.
Variétés : 'Nana', cultivar en boule compacte (de 40 à 50 cm de haut et de 60 à 80 cm de large), peu épineux et à croissance lente, utilisé en haies basses et supportant la mi-ombre.

Berberis darwinii

Arbuste élégant à branches retombantes et à rameaux peu épineux, rougeâtres lorsqu'ils sont jeunes. Petites feuilles de 1 à 3 cm de long, vert foncé brillant, à revers vert jaunâtre, épineuses et à trois pointes, rappelant celles du houx. Inflorescences en grappes jaune orangé, splendides et abondantes. À planter en situation bien ensoleillée.

Origine : Chili, Argentine.

Distance de plantation : de 40 à 60 cm.

Dimensions : de 1,50 à 2 m de haut et de 1 à 1,50 m d'étalement.

Utilisation : haies défensives libres ou taillées.

Particularité : espèce résistante aux parasites.

Ci-contre et ci-dessous : *Berberis darwinii.*

Berberis julianae.

Berberis julianae

Un des berbéris les plus rustiques. Arbuste dont les rameaux sont dotés de fortes épines de 1 à 3 cm de long et anguleux durant leur jeunesse. Feuilles de 4 à 9 cm, coriaces, vert foncé, à revers plus pâle. Fleurs jaunes groupées par 8 à 15, en fascicules. Fruits bleuâtres à noirâtres.

Origine : Chine.

Distance de plantation : de 40 à 90 cm.

Dimensions : de 2 à 3 m de haut et de 1,50 à 2 m d'étalement.

Utilisation : haies défensives libres ou taillées.

Berberis stenophylla

Très bel arbuste, hybride de *B. darwinii* et de *B. empetrifolia*, à rameaux rouge-brun épineux, allongés, arrondis et arqués. Les petites feuilles (de 1,5 à 2,5 cm), étroites, sont vert foncé brillant à revers argenté. Les inflorescences, en grappes jaune doré, sont abondantes au printemps.

Distance de plantation : de 40 à 90 cm.

Dimensions : 3 m de haut et 2 m d'étalement.

Utilisation : haies défensives libres ou taillées.

Variétés : 'Automnalis', plus petit (1 m) et à fleurs jaunes en mai et en septembre ; 'Crawley Gem', petit (50 cm), idéal en bordure ; 'Irwinii', de petite taille (60 cm) et en boule.

Ci-dessus et ci-dessous : *Berberis stenophylla.*

Ci-contre : *Berberis julianae.*

Berberis thunbergii.

Berbéris à feuillage caduc

Culture

Taille : au sécateur ou à la cisaille, en hiver.

Sol : ordinaire, mais sans excès de calcaire.

Multiplication : par semis en plein air, de mars à avril, et par boutures à talon ou sous l'œil, de mai à juin.

Descriptif

Berberis thunbergii

Arbuste touffu à port dressé. Rameaux épineux et glabres, jaunâtres lorsqu'ils sont jeunes, puis virant au brunâtre. Petites feuilles vertes prenant de belles teintes rouges à l'automne de 1 à 3 cm de long. Fleurs jaune-rouge en clochettes. Baies rouge vif.

Origine : Japon.

Dimensions : 1,50 m de haut et 1 m d'étalement.

Utilisation : haies défensives libres ou taillées.

Variétés : 'Atropurpurea', plus grand (de 1,50 à 2 m de haut et 1,50 m d'étalement) ; 'Atropurpurea Nana', forme naine compacte (40 cm de haut et 70 cm d'étalement) ; 'Red Chief', très vigoureux (3 m de haut et 1,50 m de large) et à branches retombantes ; 'Rose Glow', à port élargi (1,20 m de haut et 1 m d'étalement).

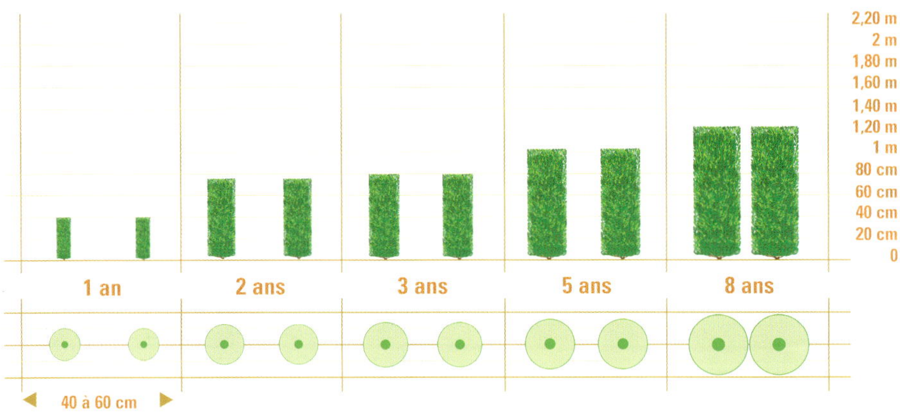

Berberis vulgaris

Épine-vinette commune

Espèce buissonnante très répandue à l'état naturel en Europe, à rameaux jaunes, allongés, dressés et vigoureux, et à fortes épines (2 cm) groupées par trois. Les feuilles, de 1,5 à 3,5 cm, à bord denté, sont elliptiques et oblongues, vert au dessus et plus claires au revers. Les fleurs jaunes, en grappes, répandent un parfum de miel. Les fruits, de couleur pourpre, apparaissent en octobre.

Origine : Europe, Amérique du Nord.

Distance de plantation : de 40 à 90 cm.

Dimensions : de 1 à 3 m de haut et de 1,50 à 2,50 m de large.

Utilisation : haies défensives libres ou taillées.

Maladies/Parasites : espèce susceptible de transmettre la rouille aux graminées environnantes, et donc à tenir éloignée des pelouses.

Variété : 'Atropurpurea', à feuilles pourpres.

Particularité : les fruits servent à la fabrication d'un vin dans les pays scandinaves et de confitures en Russie.

Ci-contre à gauche : floraison de l'épine-vinette *(Berberis vulgaris).*

Ci-contre : fructification de l'épine-vinette.

Ci-dessous : épine-vinette *(Berberis vulgaris).*

Buddleja davidii

Arbre aux papillons

Fam. : Loganiacées
Thème : p. 30

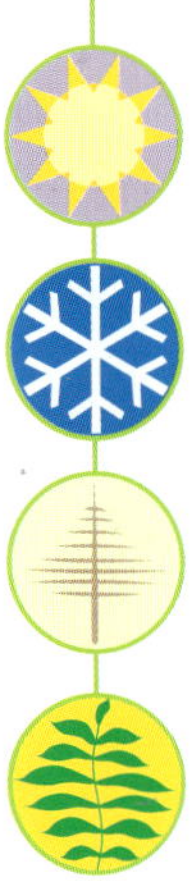

Culture

Espèce peu exigeante, à planter en situation ensoleillée et chaude, et à protéger en hiver dans les régions froides. Supporte la pollution urbaine et le bord de mer.

Taille : sévère, à la fin de l'hiver.

Sol : même peu fertile, sec ou calcaire.

Multiplication : semis en mars, bouturage sous cloche de juin à novembre.

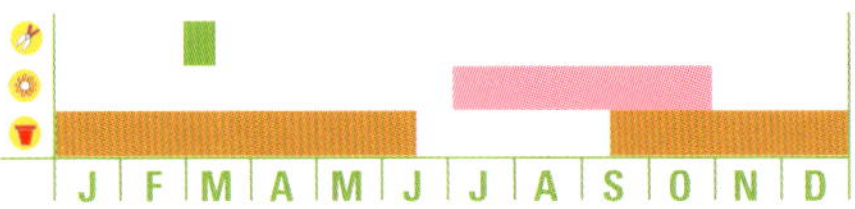

Descriptif

Arbuste à port souple et irrégulier, ramifié à la base. Longues feuilles de 10 à 30 cm de long, lancéolées, denticulées et vertes, à revers blanc, ne tombant qu'à la fin de l'année. Petites fleurs en longues panicules de 15 à 70 cm de long, roses, violettes, blanches ou lilas. Les fruits sont des capsules bivalves.

Origine : Chine.

Dimensions : de 4 à 5 m de haut et de 2,50 à 3,50 m d'étalement.

Utilisation : haies fleuries, libres ou taillées, brise-vent.

Variétés : 'Île de France', à panicules violettes à gorge jaune de 40 à 50 cm de long ; 'Pink Delight', à panicules rose vif de 30 à 40 cm de long et à feuillage argenté ; 'White profusion', à panicules blanches de 40 à 50 cm de long ; var. *nanhoensis,* plus petit (de 1 à 1,50 m), adapté aux haies basses.

Particularité : inflorescences odorantes et mellifères, attirant les papillons.

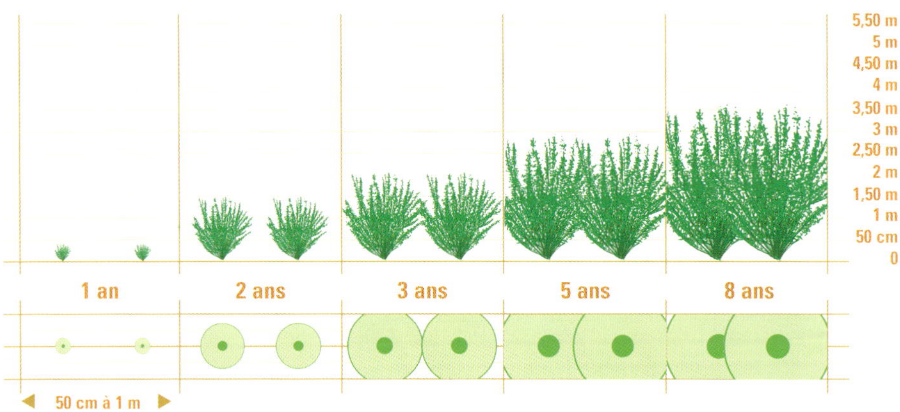

Buxus sempervirens

Buis commun

Fam. : Buxacées
Thèmes : p. 32 ; 38

Culture

Espèce résistante, à cultiver au soleil ou en mi-ombre, et même en terrain pierreux. L'excellente aptitude à la taille permet d'obtenir des formes géométriques variées (art topiaire).

Taille : plusieurs fois dans l'année.

Sol : tous types, même peu fertile, calcaire ou rocailleux.

Multiplication : boutures à talon ligneuses d'août à octobre.

Descriptif

Petit arbre buissonnant à bois dur. Jeunes rameaux quadrangulaires, pubescents et verts. Nombreuses petites feuilles de 1 à 3 cm, ovales à oblongues et vert foncé brillant. Fleurs jaune clair, insignifiantes et odorantes, en grappes – avec une seule fleur femelle entourée de fleurs mâles – à l'aisselle des feuilles. Les fruits sont de petites capsules.

Origine : hémisphère nord.

Dimensions : de 6 à 8 m de haut.

Utilisation : haies taillées, topiaire.

Variétés : 'Elegans', de 1 à 1,20 m de haut et 1 m d'étalement, à feuilles ovales ondulées, pour petites haies ; 'Pyramidalis', de 1,20 à 1,50 m de haut et de 80 cm à 1 m d'étalement, de forme conique et à feuilles opposées oblongues, pour petites haies ; 'Rotundifolia', 4 m de haut et 3 m d'étalement, à port érigé et feuilles arrondies, le plus utilisé pour les haies.

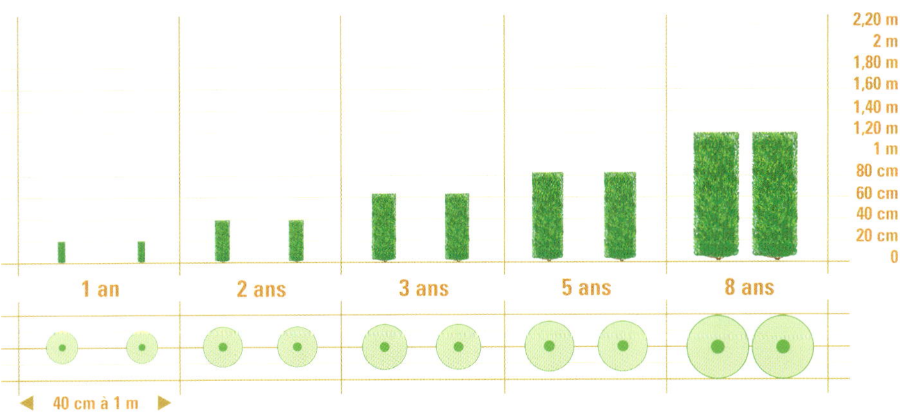

Carpinus betulus

Charme commun

Fam. : Betulacées

Thèmes : p. 34 ; 36 ; 40

Culture

Espèce facile à tailler et à cultiver, en situation ensoleillée ou mi-ombragée. Résistante aux parasites.

Taille : à la cisaille, en hiver.

Sol : frais, perméable et même calcaire.

Multiplication : boutures « en sec » à talon ou sous l'œil, de novembre à mars.

Descriptif

Arbre à cime ovoïde, à tronc cannelé et à rameaux fortement pubescents. Feuilles de 5 à 8 cm, ovales, à revers pubescent, vertes et jaunissant à l'automne. Fleurs en chatons insignifiants : mâles pendants et jaunes ; femelles verts. Les fruits sont des akènes aplatis.

Origine : Europe et Asie Mineure.

Dimensions : de 20 à 30 m de haut.

Utilisation : haies libres ou taillées, rideaux, brise-vent.

Variétés : 'Columnaris', moins vigoureux que l'espèce type ; 'Pendula', petit arbre (3 m de haut) à branches retombantes.

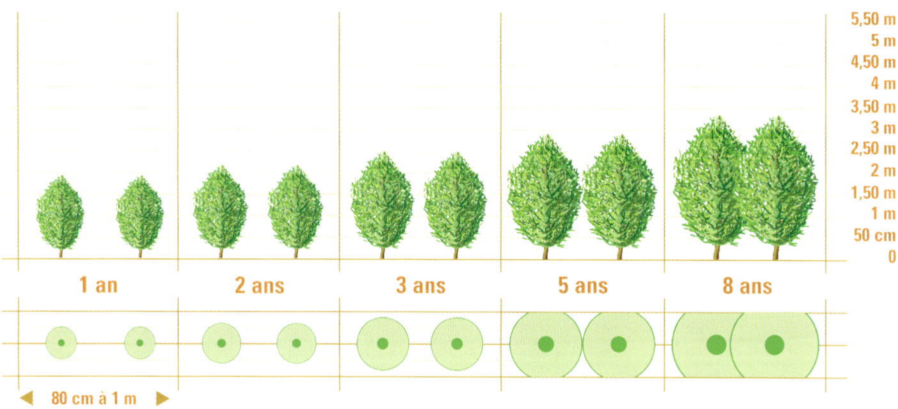

Cedrus libani **'Nana'**

Cèdre nain du Liban

Fam. : Pinacées
Thème : p. 40

Culture

Cultivar peu exigeant, supportant les atmosphères sèches et urbaines. Port conique large, devenant arrondi avec le temps. La croissance est très lente. Il résiste à la pollution urbaine.

Taille : légère ou nulle, étant donné la lenteur de la croissance.

Sol : ordinaire, même sec et à tendance calcaire.

Multiplication : boutures à talon ligneuses, d'août à octobre.

Descriptif

Variété, à port compact et conique, du cèdre du Liban *(Cedrus libani)*. Petites aiguilles gris-vert de 2 cm de long.

Dimensions : 1,50 m de haut.

Utilisation : haies taillées ou libres.

Variété : *Cedrus libani* 'Sargentii', autre petit cultivar de 1 m de haut et de 3 m d'étalement issu du cèdre du Liban. Sa croissance très lente et sa tendance, s'il n'est pas dirigé, à s'étaler sur le sol, le rendent moins apte aux haies.

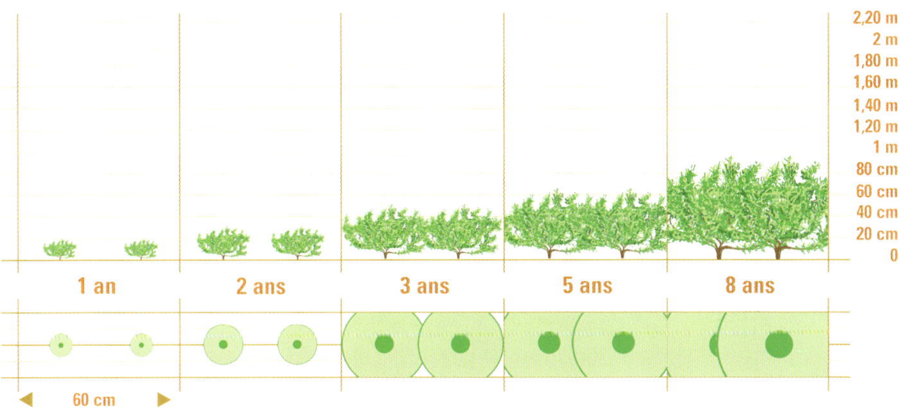

Chaenomeles

Cognassier à fleurs

Fam. : Rosacées
Thèmes : p. 32 ; 38

Culture

Les nombreuses fleurs à teintes vives, tranchant sur le noir de l'écorce, sont précoces. En haie fleurie, on pourra planter les cognassiers à fleurs en compagnie d'espèces fleurissant à la même époque, comme les forsythias.

Taille : au sécateur, après la floraison, en privilégiant les rameaux dirigés vers le haut, pour éviter l'étalement.

Sol : plutôt calcaire et assez sec.

Multiplication : bouturage ou marcottage au début de l'été.

Particularité : les fruits sont utilisés pour la préparation de gelées et entrent dans la composition de liqueurs et d'un parfum, « l'essence de Kananga ».

Descriptif

Chaenomeles japonica

Cognassier du Japon

Cognassier à port étalé. Arbuste ramifié, à feuilles de 3 à 5 cm de long plus ou moins ovales, crénelées, vert lustré. Les rameaux, pubescents lorsqu'ils sont jeunes, présentent des épines brèves. Fleurs rouge brique, en bouquets de deux à quatre. Fruits très odorants.

Origine : Japon.

Distance de plantation : 40 cm.

Dimensions : 1 m de haut et 50 cm d'étalement.

Utilisation : haies libres et défensives.

Variété : 'Sargentii', à fleurs solitaires orangées.

Cognassier du Japon *(Chaenomeles japonica)*.

Chaenomeles speciosa.

Chaenomeles x *superba.*

Chaenomeles speciosa

Cognassier à port dressé. Arbuste touffu et drageonnant, à branches raides entremêlées. Feuilles de 4 à 9 cm de long, ovales, vert lustré. Fleurs mellifères blanc à rouge, groupées par deux à quatre le long des pousses de plus de 2 ans. Fruits odorants.

Origine : Chine.

Dimensions : de 2 à 3 m de haut et de 1 à 2 m d'étalement.

Utilisation : haies libres et défensives, brise-vent.

Variétés : 'Falconnet Charlet', à grandes fleurs rose saumoné ; 'Nivalis', à fleurs blanc pur et feuillage vert clair ; 'Simonii', à port trapu (1 m de haut) et à grandes fleurs doubles et rouge foncé ; 'Umbilicata', à fleurs simples et rosées.

Chaenomeles x superba

Hybride de *C. japonica* et de *C. speciosa,* à rameaux pubescents garnis de nombreuses épines fines. Feuilles de 4 à 5 cm de long, assez étroites. Sa vigueur est intermédiaire entre celles de ses deux parents.

Dimensions : de 1 à 1,50 m de haut et de 50 cm à 1 m d'étalement.

Utilisation : haies libres et défensives.

Distance de plantation : de 40 à 60 cm.

Variétés : 'Crimson and Gold', 1 m de haut, à port étalé ; 'Ernst Finken', à port dressé et à grandes fleurs rouges ; 'Pink Lady', à fleurs rosées précoces.

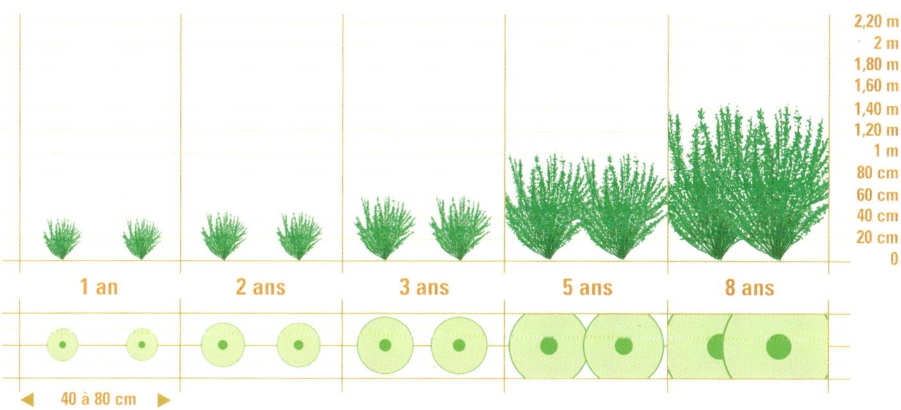

Faux cyprès

Fam. : Cupressacées
Thèmes : p. 30 ; 34

Culture

Espèces peu exigeantes, bien adaptées à la taille, pour situations plutôt ensoleillées. Coupez l'herbe au pied afin d'éviter une dévitalisation des branches les plus basses.

Taille : légère, à la cisaille, au début du printemps.

Sol : les faux cyprès sont très voisins des cyprès. De nombreuses espèces et variétés (en particulier du cyprès de Lawson) conviennent en haies et en brise-vent.

Multiplication : bouturage des rameaux en été, greffe en placage.

Descriptif

Chamaecyparis lawsoniana var. *columnaris*

Cultivar du cyprès de Lawson, à feuillage bleuté, de taille réduite, à port étroit et érigé, et à ramules verticaux. Bois sentant la citronnelle. Feuillage fin. Petits cônes sphériques. Il craint la sécheresse prolongée, les vents desséchants et les sols humides en hiver, mais il résiste bien à la pollution.

Origine : Amérique du Nord.

Dimensions : de 6 à 8 m de haut.

Utilisation : haies libres ou taillées, brise-vent, écrans.

Distance de plantation : de 80 cm à 1 m.

Chamaecyparis obtusa

Arbre sacré au Japon, de forme conique et à branches latérales en éventail. Feuilles obtuses vert clair. Cônes globuleux. Supporte difficilement les sols calcaires.

Origine : Japon, Taïwan.

Dimensions : de 4 à 6 m de haut et de 1,50 à 3 m d'étalement.

Utilisation : haies libres ou taillées, brise-vent, écrans.

Variétés : 'Crippsii' (8 m de haut et 3 m d'étalement), à belles teintes dorées ; 'Graciosa' (2 m de haut et 1,50 m d'étalement), à feuillage léger, pour haies plus basses.

Chamaecyparis lawsoniana var. *columnaris*.

Chamaecyparis obtusa 'Nana'.

Cyprès à pois 'Boulevard' *(Chamaecyparis pisifera).*

Chamaecyparis pisifera

Cyprès à pois

Arbre à branches étalées dont on cultive des variétés basses. Petits cônes (8 mm) en forme de pois.

Origine : Japon.

Dimensions : de 15 à 40 m de haut.

Distance de plantation : de 80 cm à 1 m.

Utilisation : haies libres ou taillées, brise-vent, écrans.

Variétés : 'Boulevard' (2 m de haut et 1 m d'étalement), à beau feuillage bleu argenté, 'Sungold' (2 m de haut et 1,50 m d'étalement), à feuillage léger et retombant, jaune-vert lumineux (à associer à d'autres conifères).

Cyprès à pois 'Filifera' *(Chamaecyparis pisifera).*

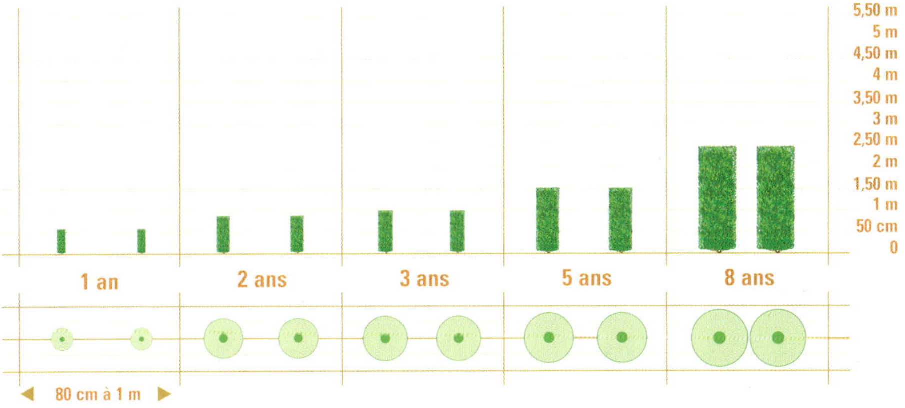

Cornus

Cornouiller

Fam. : Cornacées
Thèmes : p. 30 ; 32 ; 36

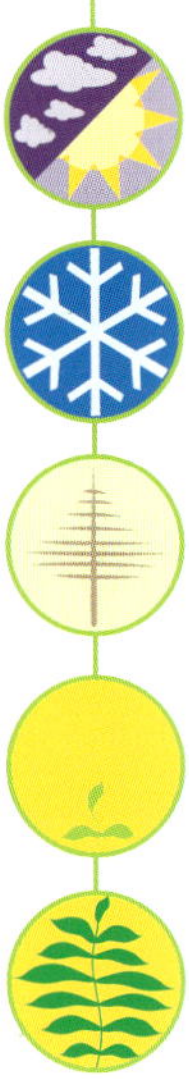

Culture

Taille : légère, au sécateur, en hiver chez les espèces à écorce non colorée comme *C. alternifolia* et *C. kousa*. Sur les espèces à écorce colorée, effectuez une taille sévère chaque année, à la fin de l'hiver, pour provoquer la repousse et l'apparition de rameaux à teinte vive.
Sol : sol ordinaire, même sec et calcaire. *C. kousa* préfère les terrains légèrement acides et frais.
Multiplication : boutures mi-aoûtées en juin.
Particularité : espèces mellifères.

Cornouillers à feuillage décoratif

Descriptif

Cornus alba

Cornouiller blanc

Arbuste moyen à branches arquées et écorce rouge, très décorative en hiver. Feuilles de 5 à 8 cm de long, ovales et à nervures marquées, vert vif puis orangées à l'automne. Fleurs couleur crème, peu spectaculaires et regroupées en cymes aplaties. Fruits bleutés. Éviter les sols trop calcaires.
Origine : Sibérie, Chine septentrionale.
Dimensions : 3 m de haut et 2,50 m d'étalement.
Distance de plantation : de 60 à 80 cm.
Utilisation : pour les haies libres, en compagnie, par exemple, d'arbustes à feuillage rougeâtre, tel *Berberis thunbergii*.
Variétés : 'Gouchaultii', à rameaux rouge vif, feuilles panachées de jaune et à belles teintes automnales ; 'Sibirica', à écorce rouge corail ; 'Kesselringii', à écorce brun violacé.

En haut : cornouiller blanc 'Gouchaultii' *(Cornus alba)*.

Ci-dessus : cornouiller blanc 'Elegantissima' *(Cornus alba)*.

Page de droite : cornouiller blanc 'Argenteomarginata' *(Cornus alba)*.

Cornouiller kousa 'National' *(Cornus kousa).*

Cornouiller à fleurs alternes *(Cornus alternifolia).*

Cornouillers à floraison décorative

Descriptif

Cornus alternifolia

Cornouiller à fleurs alternes

Grand arbuste à rameaux horizontaux disposés en pagode. Feuilles de 10 cm de long à nervures marquées, ovales, vert clair à revers glauque et pubescent. Fleurs blanches en cyme aplatie. Petits fruits rouge à bleuté.

Origine : Amérique du Nord.

Dimensions : 4 m de haut et 3 m d'étalement.

Distance de plantation : de 70 cm à 1 m.

Utilisation : haies libres et colorées.

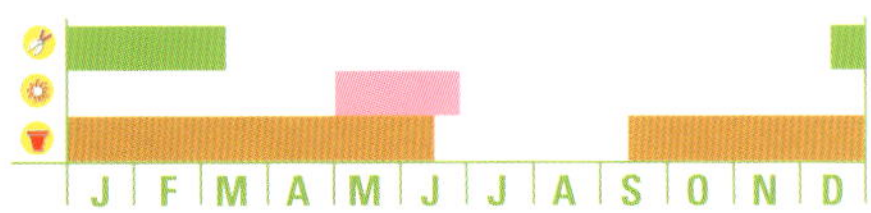

Cornus kousa

Cornouiller kousa

Petit arbre à branches généralement horizontales. Feuilles de 9 cm de long, elliptiques et acuminées, à revers bleuté, rougeâtres à l'automne. Petites fleurs entourées chacune de quatre grandes bractées blanches. Fruits allongés et rosés. Espèce ne supportant pas le calcaire.

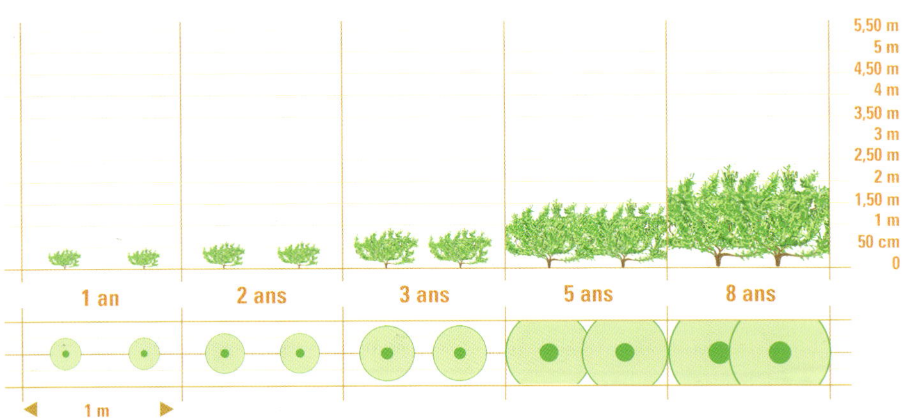

Fruits du cornouiller mâle.

Cornouiller mâle en fleurs.

Origine : Corée, Japon.
Dimensions : de 6 à 7 m de haut et de 4 à 5 m d'étalement.
Distance de plantation : de 80 cm à 1,20 m.
Utilisation : haies libres.
Variété : 'Chinensis' (3 m de haut et 2 m d'étalement), à grandes fleurs entourées de bractées couleur crème.

Cornus mas

Cornouiller mâle

Grand arbuste à port touffu. Feuilles de 8 cm de long, ovales et acuminées, vert foncé puis jaunâtres à l'automne. Fleurs très précoces, en ombelles serrées et jaune vif. Fruits rouges. Supporte bien le calcaire.
Origine : Europe centrale et méridionale, Asie Mineure.
Dimensions : 7 m de haut et 5 m d'étalement.
Utilisation : haies libres.
Variétés : 'Aurea', à feuilles jaunes ; 'Variegata', à feuilles bordées de blanc.
Particularité : fruits comestibles.

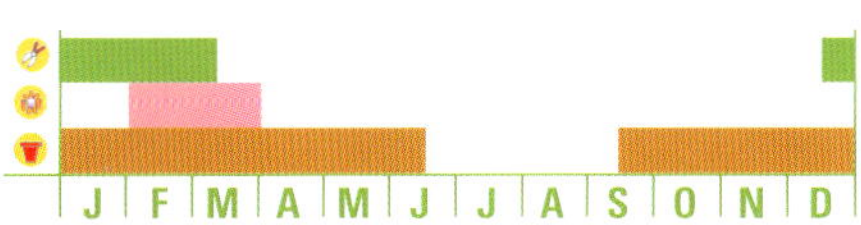

Cornouiller kousa *(Cornus kousa).*

Cornouiller mâle *(Cornus mas).*

Fleurs du cornouiller sanguin.

Fruits du cornouiller sanguin.

Cornouillers à rameaux décoratifs

Cornus sanguinea

Cornouiller sanguin

Arbuste indigène en France, à rameaux verdâtres en situation ombragée et rouge vif au soleil. Feuilles de 8 cm de long, ovales à elliptiques, à nervures rouges à l'automne. Fleurs blanches en cymes. Fruits noirs. Espèce appréciant les terres fraîches et calcaires.

Origine : Europe.

Dimensions : 4 m de haut et 3 m d'étalement.

Distance de plantation : de 70 cm à 1 m.

Utilisation : haies libres. Arbuste à planter en compagnie d'autres espèces à écorce colorée comme le saule marsault.

Particularité : peut être planté au bord de l'eau.

Cornus stolonifera

Cornouiller stolonifère

Arbuste à écorce rouge ou jaune et à rameaux au sol puis dressés. Feuilles de 9 cm, ovales, lancéolées et verdâtres. Fleurs jaunâtres, en cymes. Fruits blancs. Apprécie les terres humides et siliceuses.

Origine : Amérique du Nord.

Dimensions : 2 m de haut et 1 m d'étalement.

Distance de plantation : de 50 à 80 cm.

Utilisation : haies libres. À planter avec d'autres espèces à écorce colorée, de la même façon que le cornouiller sanguin.

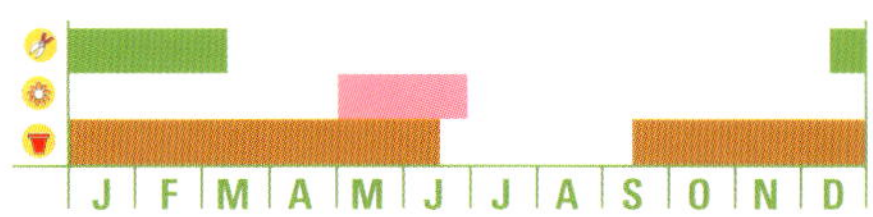

Cornouiller stolonifère *(Cornus stolonifera)*.

Corylus

Noisetier

Fam. : Bétulacées
Thèmes : p. 30 ; 36 ; 50

Ci-dessus : chatons de noisetier commun.

Ci-contre : noisettes.

Multiplication : marcottage ; division au début du printemps.
Particularité : la récolte des noisettes doit intervenir en août pour une consommation immédiate, ou de septembre à octobre pour le séchage.

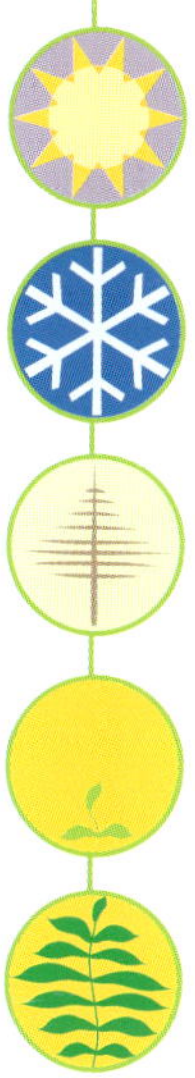

Descriptif

Corylus avellana

Noisetier commun, coudrier

Arbrisseau touffu à feuilles de 10 cm de long et de 8 cm de large. Arrondies, pubescentes et dentées, elles sont vertes et deviennent jaunes à l'automne. Fleurs mâles en chatons jaune d'or, en janvier-février. Noisettes en fin d'été et en automne.

Origine : Europe, Asie Mineure.
Dimensions : de 4 à 5 m de haut et de 3 à 4 m d'étalement.
Utilisation : Haies libres, colorées, bande boisée, brise-vent.

Culture

Espèces rustiques, souvent traitées en cépée pour la création de haies denses. Elles supportent la mi-ombre mais la fructification est plus abondante au soleil.
Taille : au sécateur, en hiver.
Sol : acide et légèrement humide, mais supporte un sol sec et calcaire.

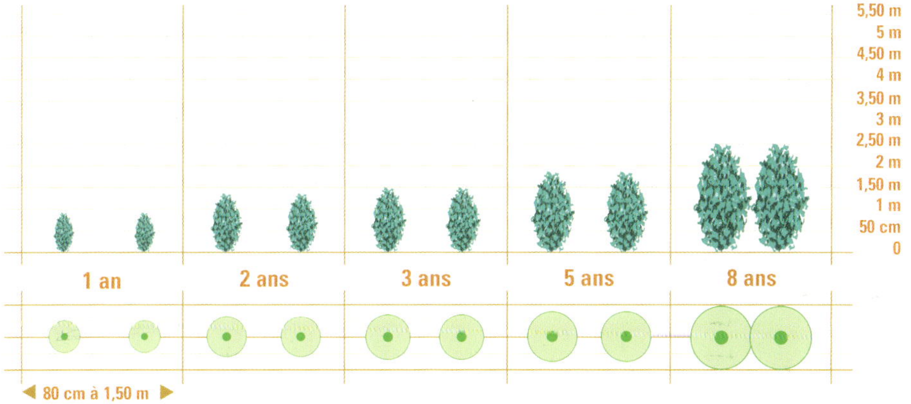

Variétés : 'Aurea', à feuilles jaunes ; 'Rote Zellernuss' (5 m de haut et 4 m d'étalement), à chatons mâles rougeâtres et feuilles pourprées au printemps ; fruits nombreux et délicieux.
Particularité : fleurs mellifères ; baguettes fourchues utilisées par les sourciers.

Corylus maxima 'Purpurea'

Noisetier franc pourpre

Bel arbrisseau touffu et drageonnant. Feuilles de 10 cm de long et de 8 cm de large, arrondies, rouge pourpré. Chatons mâles rougeâtres. Fruits de bonne qualité, à cupule pourpre. À planter en situation ensoleillée.
Origine : Asie Mineure.
Distance de plantation : 1 m.
Dimensions : 4 m de haut et 3 m d'étalement.
Utilisation : haies libres et colorées, bandes boisées, brise-vent.

Ci-dessus : noisetier commun 'Rote Zellernuss' *(Corylus avellana)*.

Ci-contre : feuillage du noisetier franc pourpre *(Corylus maxima* 'Purpurea'*)*.

Cotinus coggygria

Arbre à perruques, fustet

Fam. : Anacardiacées
Thème : p. 30

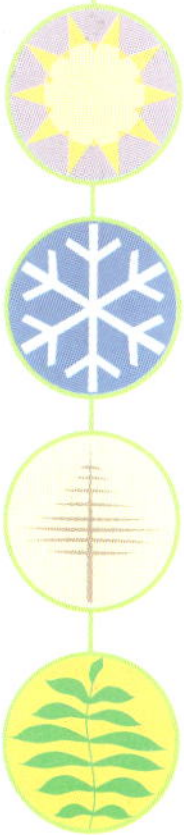

Culture

Arbrisseau très décoratif et de culture facile, à planter en situation chaude et ensoleillée.
Taille : assez sévère, en hiver.
Sol : sec et plutôt calcaire.
Multiplication : bouturage de rameaux latéraux à talon, en juin, avec hormones.

Descriptif

Arbrisseau étalé, buissonnant et à rameaux lisses. Feuilles de 3 à 7 cm de long, arrondies, vert foncé et prenant un beau jaune orangé en automne. Petites fleurs jaunâtres recouvertes de poils soyeux, formant des panicules plumeuses en superbes panaches de 20 cm.
Origine : Europe méridionale et Chine.
Dimensions : de 2 à 5 m de haut et de 1,50 à 4 m d'étalement.
Utilisation : haies libres.
Variétés : 'Purpureus', à feuillage vert et panicules rouges ; 'Royal Purple', à feuillage pourpre foncé et inflorescences pourpres ; 'Rubrifolius', moins vigoureux que l'espèce type et à feuillage et inflorescences pourpres.
Particularité : les feuilles servent à la fabrication de colorants jaunes ou orangés.

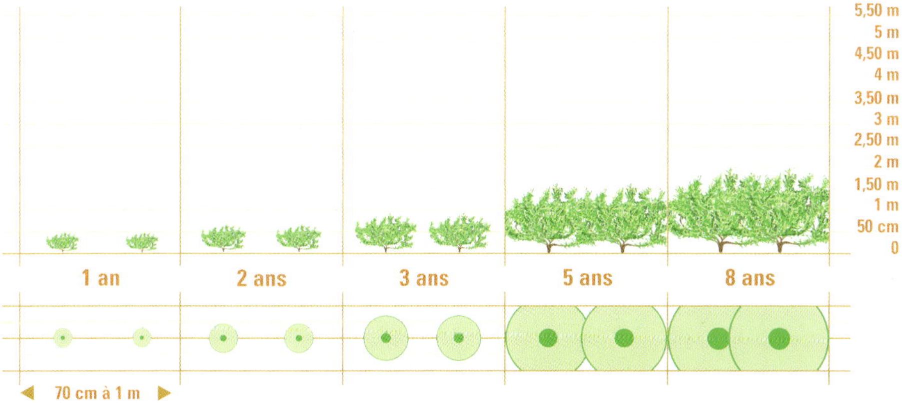

Cotonéaster

Fam. : Rosacées
Thème : p. 34

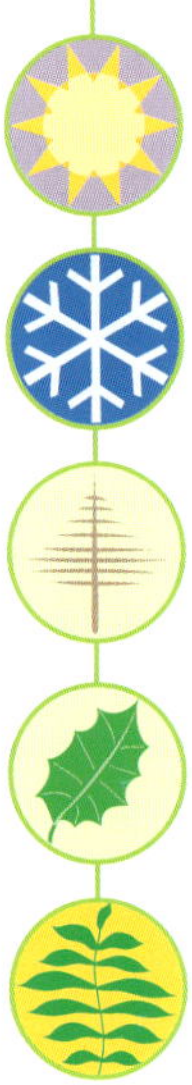

Culture

Espèces peu exigeantes et faciles à cultiver. Dans les régions à hiver rigoureux, buttez ou paillez le pied. Plantez en situation ensoleillée ou en mi-ombre (les baies sont alors moins abondantes).

Époque de plantation : de l'automne au printemps pour les cotonéasters à feuillage caduc ; au printemps pour ceux à feuillage persistant.

Taille : au sécateur, au début du printemps pour les cotonéasters à feuillage caduc ; au sécateur, en hiver, pour ceux à feuillage persistant. Elle doit être légère pour conserver au port sa souplesse.

Sol : ordinaire, même calcaire et peu profond. Une certaine humidité est néanmoins nécessaire durant les premières années.

Multiplication : boutures de tête en juin pour les caducs ; de juin à septembre pour les persistants.

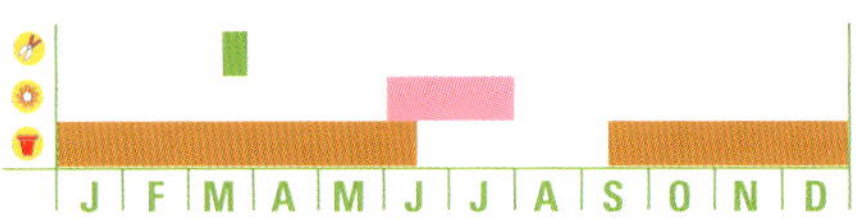

Ci-dessus et en médaillon : *Cotoneaster lacteus.*

Cotonéaster à feuillage caduc

Descriptif

Cotoneaster lacteus

Arbuste très étalé, à branches souples et retombantes à leur extrémité, et à vieux bois rougeâtre contrastant avec les jeunes rameaux duveteux, blanchâtres puis jaunâtres. Feuilles de 5 cm de long, ovales et pointues, vert foncé, à revers blanchâtre puis jaunâtre.

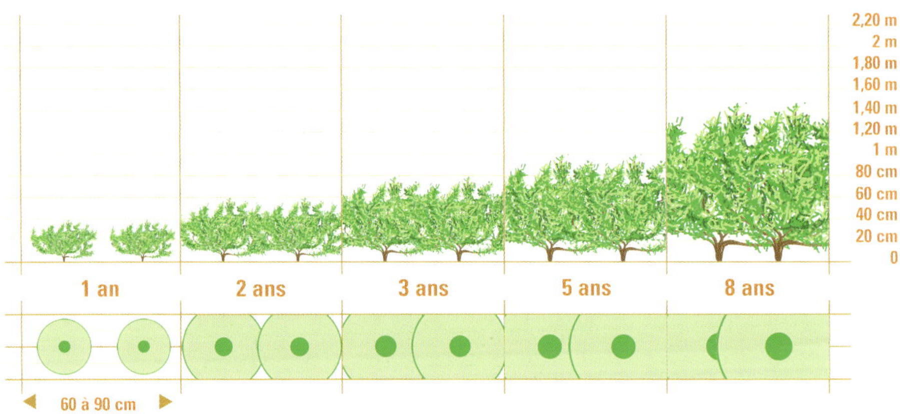

Inflorescences de six à vingt fleurs blanches. Nombreux petits fruits rouges ovoïdes en grappes, persistants jusqu'à début mars.
Origine : Chine.
Dimensions : 3 m de haut et d'étalement.
Utilisation : haies libres, brise-vent.

Cotonéaster à feuillage persistant

Descriptif
Cotoneaster franchetii

Arbuste buissonnant à branches souples et arquées. Petites feuilles de 2 à 3 cm, semi-persistantes quand l'hiver est rigoureux, ovales, vert foncé à revers blanc argenté, prenant des teintes jaunes, rouges ou orangées. Fleurs blanches. Fruits ovoïdes orange.

Origine : Chine.
Dimensions : 2 m de haut et d'étalement.
Distance de plantation : de 40 à 70 cm.
Utilisation : haies libres, brise-vent.
Variété : *C. f.* var. *sternianus,* à nombreux fruits orangés et brillants.

Ci-dessous et en médaillon :
Cotoneaster franchetii.

Cupressus

Cyprès

Fam. : Cupressacées

Thèmes : p. 32 ; 34

Culture

Originaires de régions arides, les cyprès sont bien adaptés aux conditions sèches. Ils peuvent néanmoins être cultivés en zone plus humide et plus froide. Paillez ou buttez le pied des espèces les moins rustiques dès la fin de l'automne.

Taille : à la cisaille, au début du printemps.

Sol : ordinaire, même légèrement calcaire.

Multiplication : bouturage en mars ou en août (difficile).

Cyprès de l'Arizona *(Cupressus arizonica).*

Descriptif

Cupressus arizonica

Cyprès de l'Arizona

Conifère en fuseau étroit et conique, à écorce rougeâtre et à rameaux brefs et rigides. Feuillage vert glauque. Grands cônes globuleux. Le plus rustique des cyprès, supportant même les sols peu profonds, siliceux ou calcaires. Ne taillez que les jeunes rameaux.

Origine : sud-est des États-Unis, nord du Mexique.

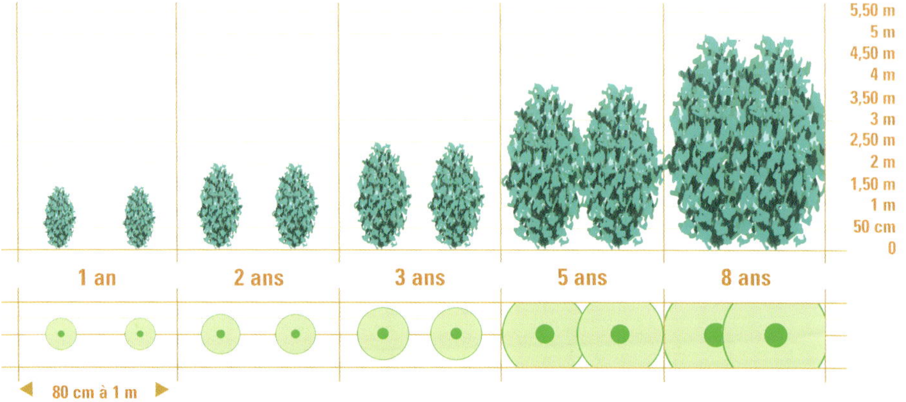

Ci-dessus : fruit du cyprès de l'Arizona.

Dimensions : de 15 à 20 m de haut, de 5 à 6 m d'étalement.
Utilisation : haies régulières, brise-vent, écrans.
Variétés : 'Fastigiata' (12 m de haut et 3 m d'étalement), à feuillage bleu-gris ; 'Fastigiata Aurea', à pousses à extrémités dorées ; 'Sulphurea', à feuillage jaune vif au printemps.

Cupressus macrocarpa

Cyprès de Monterey
Grand conifère rameux à croissance rapide, à port d'abord élancé puis plus aplati. Feuillage vert-jaune. Gros cônes. Espèce bien adaptée à l'atmosphère marine et aux zones ventées, rustique sur le littoral Atlantique, mais à protéger dès la fin de l'automne dans les régions plus froides.
Origine : Californie.
Dimensions : de 8 à 10 m de haut.
Utilisation : haies régulières, brise-vent, écrans.

Distance de plantation : de 60 cm à 1 m.
Variétés : 'Goldcrest', à feuillage doré ; 'Golden Pillar' (9 m de haut et 4 m d'étalement), à port conique étroit, à feuillage doré et cônes jaunes ; 'Lutea' (16 m de haut et 6 m d'étalement), à port conique étroit et feuillage jaune.
Particularité : le feuillage dégage une odeur de citronnelle quand il est froissé.

À droite : cyprès de Monterey 'Goldcrest' *(Cupressus macrocarpa).*

Ci-contre : cyprès de Monterey 'Lambertiana' *(Cupressus macrocarpa).*

Cytisus

Genêt

Fam. : Légumineuses (Papilionacées)
Thèmes : p. 32 ; 42

Culture

Arbustes parfois difficiles à installer, à planter en situation ensoleillée pour obtenir une belle floraison.

Taille : sévère afin que les arbustes ne se dégarnissent pas à la base et après la floraison pour éviter la formation des gousses, qui affaiblit la plante.

Sol : bien drainé, sableux et sec. Ces genêts supportent mal le calcaire.

Multiplication : bouturage au printemps.

Descriptif

Cytisus battandieri

Grand arbuste dressé, adapté aux conditions des montagnes arides du Moyen Atlas. Feuilles sessiles à trois folioles, de 5 à 8 cm de long et 3 cm de large, argentées et soyeuses, arrondies et à pointe allongée. Fleurs jaune d'or en grappes denses et dressées, parfumées. Fruits soyeux.

Ci-dessus : Genêt à balai *(Cytisus scoparius)*.

Ci-dessous : *Cytisus battandieri.*

Origine : Maroc.
Dimensions : de 4 à 5 m de haut et de 2 à 2,50 m d'étalement.
Utilisation : haies libres.
Distance de plantation : de 70 cm à 1,20 m.

Cytisus x praecox

Arbuste arrondi et dressé, formant une touffe ébouriffée, à rameaux verts, hybride de *C. multiflorus* et de *C. purgans*. Feuilles de 2 cm de long, vert foncé. Fleurs très abondantes, jaune pâle, dont le parfum n'est pas toujours apprécié.
Dimensions : 1,50 m de haut et 1,70 m d'étalement.
Utilisation : haies libres.

Genêt à balai *(Cytisus scoparius)*.

Variétés : 'Albus', à fleurs blanches ; 'Allgold', à fleurs jaune d'or, 'Hollandia', rouge pourpre et rose.

Cytisus x *praecox*.

Cytisus scoparius

Genêt à balai

Arbrisseau touffu à rameaux verts. Petites feuilles sessiles et vertes, comprenant de une à trois folioles. Fleurs abondantes jaune doré sur le bois de l'année précédente.

Origine : Europe.

Dimensions : 2 m de haut et 1 m d'étalement.

Utilisation : haies libres.

Distance de plantation : de 40 à 80 cm.

Variétés : 'Andreanus', à végétation peu étalée et à fleurs jaune d'or et carmin ; 'Burkwoodii', à végétation touffue et à fleurs carmin et ocre ; 'Roter Favorit', à fleurs rouges, marquées de jaune et d'orangé.

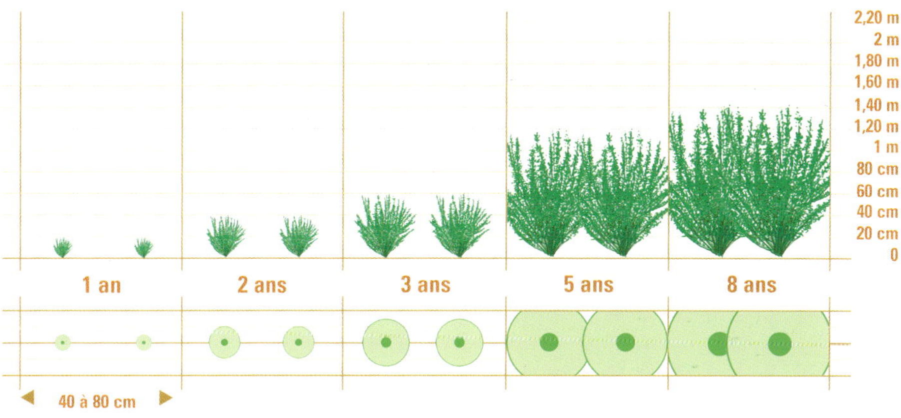

Deutzia

Fam. : Saxifragacées
Thèmes : p. 32 ; 38 ; 42

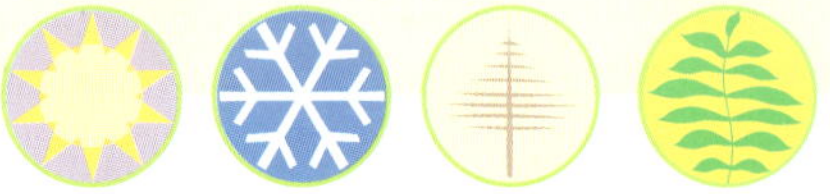

Culture

Espèces faciles à cultiver en terrain sain.

Taille : après la floraison, rabattez près du sol une partie des vieilles branches (à écorce plus sombre).

Sol : ordinaire, même peu fertile.

Multiplication : bouturage en juin, avec bonne protection hivernale.

Particularité : résistant aux parasites.

Descriptif

Deutzia gracilis

Arbuste à croissance lente, à port dressé et touffu. Feuilles de 5 cm de long, oblongues et dentées, vert foncé. Fleurs très abondantes, en grappes érigées blanc pur.

Origine : Japon.

Dimensions : 80 cm de haut et d'étalement.

Utilisation : haies libres basses.

Distance de plantation : 30 cm.

Deutzia x magnifica

Arbuste à port érigé et à croissance rapide, hybride de *D. scabra* et *D. vilmoriniae*. Feuilles de 8 cm de long, ovales vert foncé. Grandes fleurs doubles blanches, en grappes.

Dimensions : 2,50 m de haut et 2 m d'étalement.

Utilisation : haies libres.

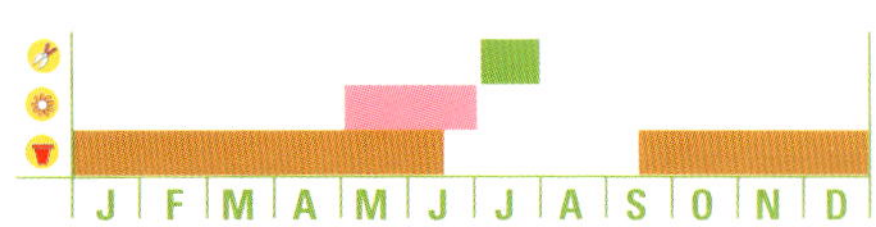

Deutzia gracilis.

Deutzia x *magnifica.*

Deutzia scabra

Arbuste à croissance rapide, à rameaux érigés et écorce rougeâtre, s'exfoliant. Feuilles de 8 à 12 cm de long, ovales-lancéolées, dentées et vert foncé. Fleurs blanches en grappes de 10 à 15 cm de long.

Origine : Japon.

Dimensions : 2,50 m de haut et 1,50 m d'étalement.

Utilisation : haies libres.

Distance de plantation : de 60 cm à 1 m.

Variétés : 'Candissima', à fleurs blanc pur ; 'Plena', à fleurs blanches et roses ; 'Pride of Rochester', à écorce rougeâtre et fleurs blanches ; 'Punctata', à feuilles marquées de blanc et à fleurs blanches.

Deutzia scabra.

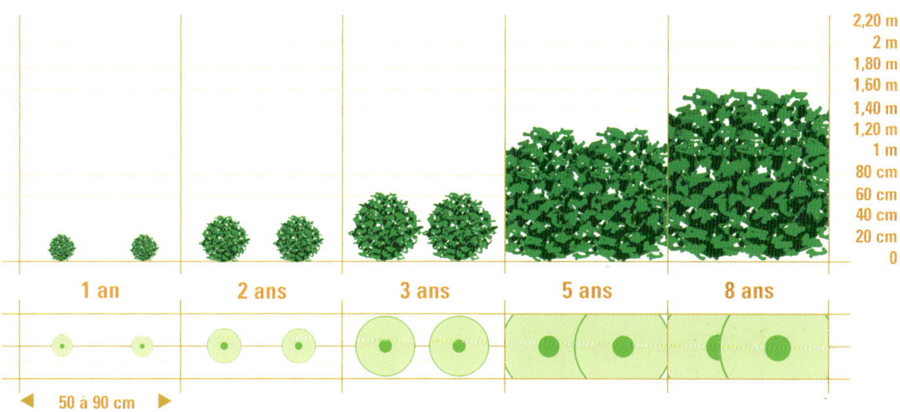

Diervilla x splendens

DIERVILLÉ

Fam. : Caprifoliacées
Thème : p. 54

CULTURE

Arbuste de culture facile, plus résistant que ses parents, à planter à mi-ombre ou encore en plein soleil, où il prend une forme plus compacte.

Taille : en fin d'hiver.

Sol : ordinaire, plutôt siliceux, sec et frais.

Multiplication : bouturage herbacé à la fin du printemps, ligneux en hiver.

DESCRIPTIF

Arbuste à port touffu et étalé, hybride de *D. lonicera* et *D. sessilifolia.* Feuilles de 10 cm de long, lancéolées, d'abord cuivrées, puis vert foncé à nuances bronzées, et enfin dorées et cuivrées à l'automne. Fleurs jaunes en panicules terminales, sur le bois de l'année.

Dimensions : 1,30 m de haut et d'étalement.

Utilisation : haies libres.

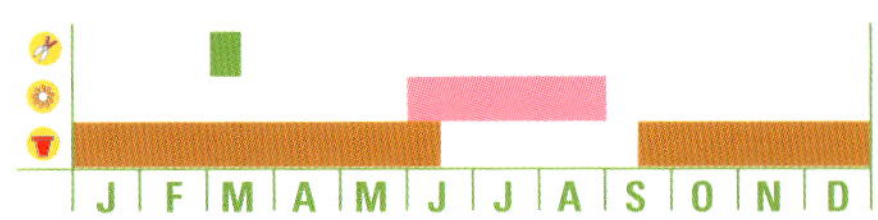

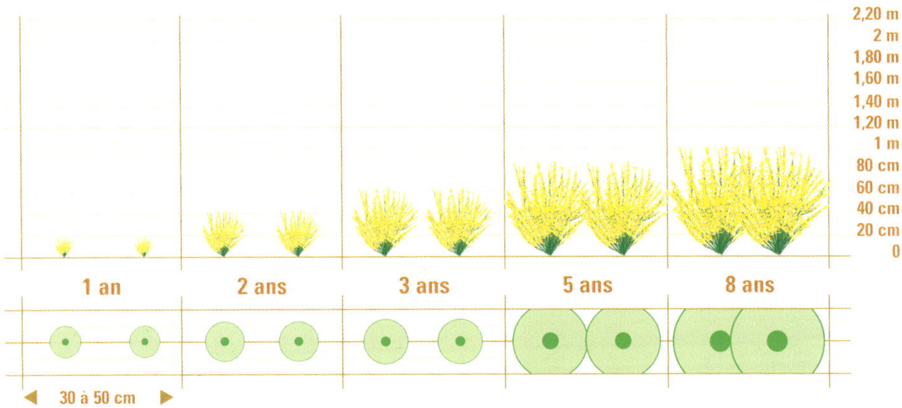

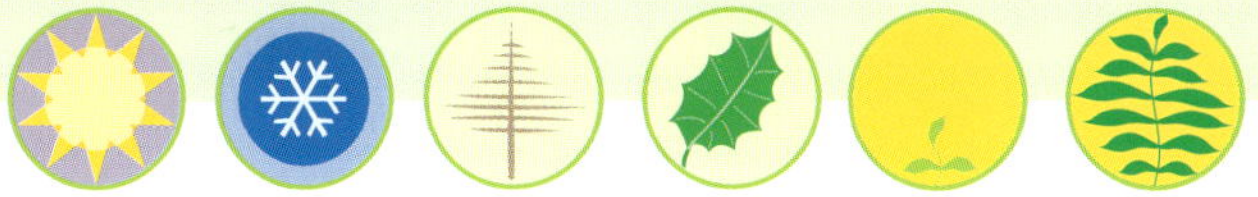

Chalef

Fam. : Élaeagnacées
Thèmes : p. 32 ; 34 ; 40 ; 54

Culture

Arbustes très tolérants, indifférents au pH du sol.
Époque de plantation : de l'automne au printemps pour les espèces rustiques, au printemps pour les plus fragiles.
Taille : au sécateur, après la floraison pour les espèces à feuillage caduc ; en fin d'hiver pour les persistantes.
Sol : ordinaire, bien drainé.
Multiplication : bouturage de tête en été.
Particularité : fleurs mellifères ; résistant aux parasites.

Chalefs à feuillage caduc

Descriptif

Elaeagnus angustifolia

Olivier de Bohême
Arbrisseau épineux à port tortueux et jeunes rameaux recouverts d'écailles argentées, rejetant un peu du pied et à croissance rapide. Il demande une situation chaude. Feuilles de 6 cm de long, oblongues ou lancéolées, argentées. Petites fleurs jaunâtres très odorantes. Fruits jaunâtres, ressemblant à de petites olives. Espèce rustique, résistante à la sécheresse et à l'atmosphère marine.
Origine : Europe orientale, Asie occidentale.
Dimensions : de 3 à 8 m de haut et de 2,50 à 3,50 m d'étalement.
Utilisation : haies libres défensives, brise-vent.
Distance de plantation : de 70 cm à 1 m.
Particularité : fruits comestibles.

Olivier de Bohême *(Elaeagnus angustifolia)*.

Ci-dessus et ci-contre : goumi *(Elaeagnus multiflora).*

Elaeagnus multiflora

Goumi

Arbrisseau à port touffu et étalé, à croissance rapide. Feuilles de 5 cm de long, arrondies, vertes à revers argenté ponctué de brun. Fleurs jaunes très parfumées, sur le bois de l'année précédente. Fruits ovoïdes orangé à rougeâtre.

Origine : Chine et Japon.

Dimensions : 3 m de haut et 2 m d'étalement.

Utilisation : haies libres, écrans.

Particularité : fruits comestibles acidulés, entrant dans la composition de confitures.

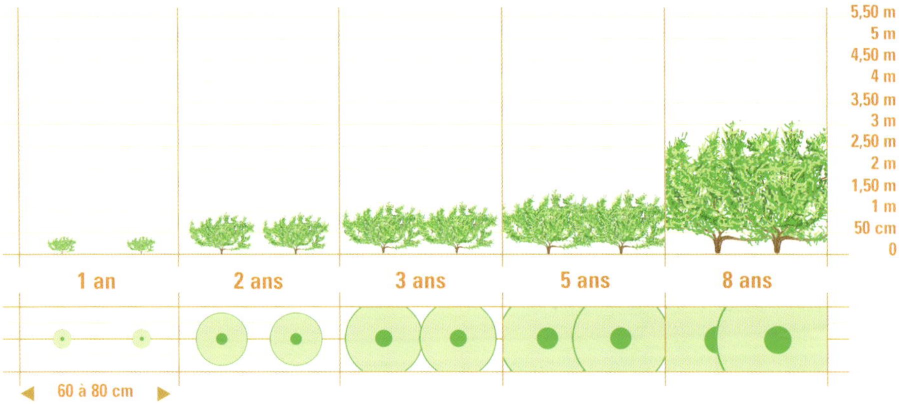

Elaeagnus pungens 'Maculata'.

Chalefs à feuillage persistant

Descriptif

Elaeagnus x *ebbingei*

Grand arbuste à port touffu et croissance rapide, hybride de *E. macrophylla* et de *E. pungens*. Feuilles de 7 cm de long, ovales à oblongues, vert foncé à revers argenté ponctué de brun. Fleurs blanches ou argentées, très parfumées. Petits fruits orangés. Espèce résistant à l'atmosphère marine.

Dimensions : 3 m de haut et 2 m d'étalement.

Utilisation : haies libres défensives, écrans, brise-vent.

Distance de plantation : de 70 à 90 cm.

Variétés : 'Coastal Gold', à grandes feuilles vertes à centre jaune ; 'Gilt Edge' (2 m de haut et 1,50 m d'étalement), à grandes feuilles vertes marginées de jaune.

Elaeagnus pungens 'Maculata'

Arbuste à port buissonnant et végétation étalée, légèrement épineux et à croissance moyennement rapide. Grandes et belles feuilles de 10 cm de long), arrondies, vertes, panachées de jaune au centre et à revers argenté. Supprimez systématiquement les rameaux dont les feuilles sont vertes.

Dimensions : 1,20 m de haut et 1 m d'étalement.

Utilisation : petites haies libres, défensives.

Distance de plantation : de 30 à 50 cm.

Elaeagnus x *ebbingei*.

Escallonia rubra var. macrantha

ESCALLONIA

Fam. : Saxifragacées
Thème : p. 52

DESCRIPTIF

Arbuste dense à port érigé et rameaux duveteux. Feuillage compact de petites feuilles, de 3 à 5 cm de long, ovales, à bord crénelé et vert brillant. Nombreuses petites fleurs rose vif regroupées en grappes terminales du plus bel effet. L'espèce type *E. rubra* présente des fleurs rose cramoisi.

Origine : île de Chiloë.

Dimensions : de 2 à 4 m de haut.

Utilisation : haies libres ou taillées, brise-vent.

CULTURE

Espèce adaptée aux situations ensoleillées et abritées du jardin, à protéger en fin d'automne par un bon paillage au nord de la Loire et en altitude. Bel arbuste à feuillage dense, résistant à la pollution urbaine et bien adapté à la constitution de brise-vent en bord de mer.

Taille : au sécateur, en fin d'hiver.

Sol : ordinaire, bien drainé, léger et chaud.

Multiplication : boutures à talon ligneuses, d'août à octobre.

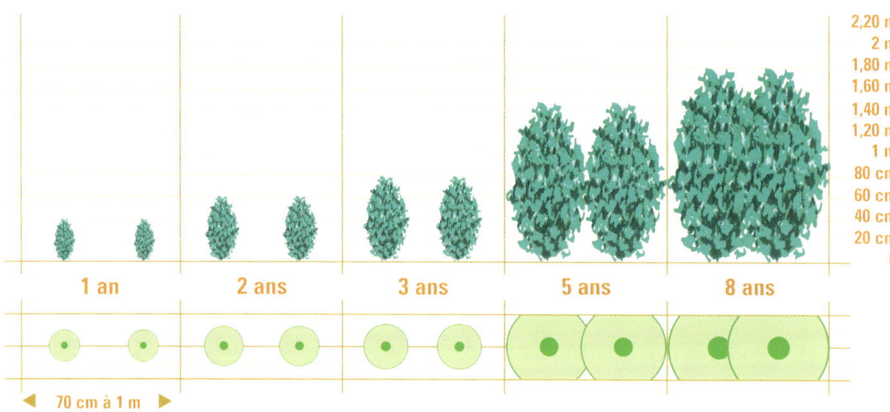

Euonymus

Fusain

Fam. : Célastracées

Thèmes : p. 32 ; 34 ; 38 ; 44

Fusain panaché.

Culture

Arbustes très variés, supportant bien l'atmosphère urbaine et le recépage, remarquables pour leurs fruits et leurs teintes automnales.

Époque de plantation : de l'automne au printemps pour les caducs ; au printemps pour les rustiques.

Taille : au sécateur, en hiver.

Sol : ordinaire.

Multiplication : bouturage en été, semis pour les fusains à feuillage caduc ; bouturage semi-ligneux en été pour les persistants.

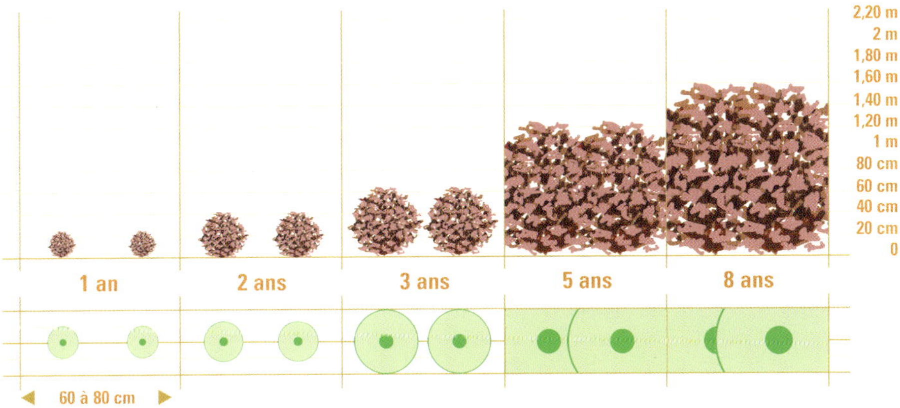

Fusains à feuillage caduc

Descriptif

Euonymus alatus

Fusain ailé

Arbuste à port étalé et à rameaux divergents, supportant un peu de calcaire. Feuilles de 4 à 7 cm de long, ovales à elliptiques, vert foncé à revers plus pâle, devenant écarlates à l'automne. Fleurs jaunes. Fruits rougeâtres à arilles orangées.

Origine : Asie du Nord-Est.

Dimensions : 3 m de haut et 2,50 m d'étalement.

Utilisation : haies libres ou taillées, brise-vent.

Variété : 'Compactus', plus petit (1,50 m de haut et d'étalement), à port évasé et à grandes feuilles rouge feu à l'automne, pour haies bases.

Euonymus europaeus

Fusain d'Europe, bonnet d'évêque ou bonnet carré

Arbrisseau vigoureux à port souple et dressé et à rameaux arrondis et verts, pour sol ordinaire et calcaire. Feuilles de 6 cm de long, arrondies ou lancéolées, finement dentées, vertes puis rougeâtres à l'automne. Fleurs discrètes, verdâtres, groupées en corymbes à l'aisselle des feuilles. Les fruits sont des capsules rouges.

Origine : Europe, Asie.

Dimensions : 4 m de haut et 3 m d'étalement.

Utilisation : haies libres ou taillées, brise-vent.

Distance de plantation : de 60 à 80 cm.

Variété : 'Red cascade', de même taille que l'espèce type, touffu, très fructifère et à port retombant.

Particularité : fruits vénéneux.

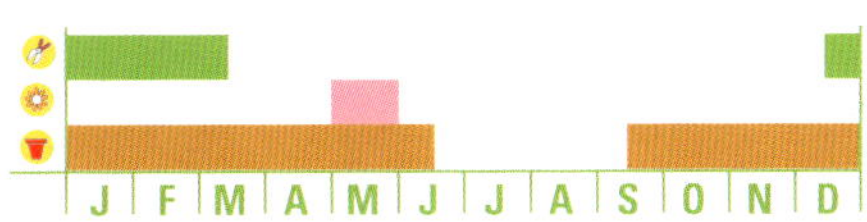

Fusain d'Europe *(Euonymus europaeus).*

Page précédente : fusain ailé *(Euonymus alatus).*

Ci-contre : fruits du fusain d'Europe *(Euonymus europaeus).*

Fleurs du fusain d'Europe *(Euonymus europaeus).*

Fusains à feuillage persistant

Descriptif

Euonymus japonicus

Fusain du Japon

Arbrisseau peu rustique, adapté aux atmosphères marines et urbaines. À installer en situation protégée. Apporter une protection hivernale (paillage, buttage) dans les régions à hiver rigoureux. Feuilles de 5 cm de long, ovales, dentées et vert foncé brillant sur le dessus. Fruits roses.

Origine : Corée, Japon.

Dimensions : 6 m de haut et d'étalement.

Utilisation : haies libres ou taillées.

Distance de plantation : de 60 cm à 1 m.

Variétés : 'Aureomarginatus', plus petit (1,50 m de haut et 1 m d'étalement), à feuillage maculé de jaune ; 'Bravo', à port dressé et feuilles vert et blanc ; 'Président Gauthier' (4 m de haut et 3 m d'étalement), à feuillage panaché de blanc.

Ci-dessus : fleurs du fusain du Japon *(Euonymus japonicus).*

Ci-contre : fusain du Japon *(Euonymus japonicus).*

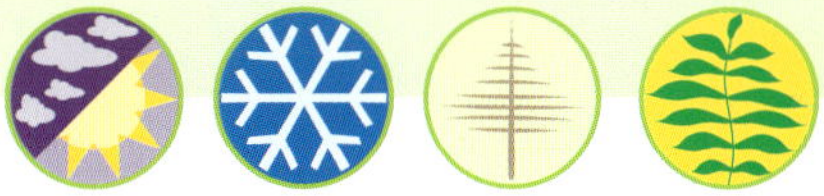

Forsythia

Fam. : Oléacées
Thèmes : p. 30 ; 36

Forsythia x *intermedia.*

Culture

Espèces rustiques et faciles à cultiver, spectaculaires pendant quelques semaines, au moment de la floraison.

Taille : au sécateur, après la floraison.

Sol : ordinaire, même calcaire.

Multiplication : bouturage herbacé au début de l'été, bouturage aoûté à la fin de l'hiver.

Particularité : les rameaux coupés font de beaux bouquets.

Descriptif

Forsythia x *intermedia*

Mimosa de Paris

Arbuste à port dressé, puis plus étalé, hybride de *F. suspensa* et de *F. viridissima.* Feuilles de 10 cm de long, arrondies et vert foncé. Fleurs jaunes, par deux ou trois.

Dimensions : 3 m de haut et 2 m d'étalement.

Utilisation : haies libres ou taillées.

Variétés : 'Boucle d'or' (70 cm de haut et 1 m d'étalement), à fleurs dorées ; 'Karl Sax', vigou-

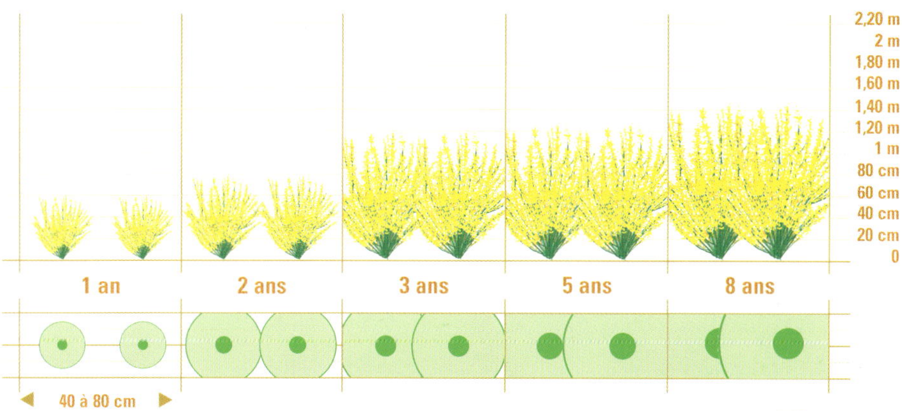

Mimosa de Paris en fleurs
(Forsythia x *intermedia).*

reux et à fleurs jaune orangé ; 'Lynwood', très florifère, à fleurs jaune vif ; 'Spectabilis', à port érigé et compact et à fleurs dorées ; 'Weekend', très ramifié et à floraison précoce.

Forsythia suspensa

Arbuste à longs rameaux souples, fins et divergents. Feuilles simples, dentées et elliptiques, ou trifoliées et arrondies. Fleurs jaune citron, solitaires ou groupées.

Origine : Chine.

Dimensions : 3 m de haut.

Utilisation : haies libres ou taillées, écrans.

Distance de plantation : de 40 à 80 cm.

Variétés : var. *fortunei,* de même taille que l'espèce type ; var. *sieboldii,* à rameaux souples et feuilles solitaires ; 'Variegata', à feuilles panachées de jaune.

Forsythia suspensa.

Fuchsia magellanica var. riccartonii

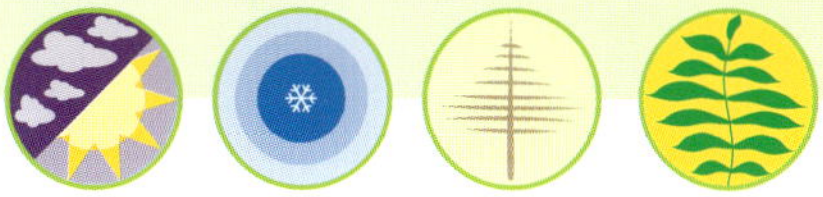

FUCHSIA

Famille : Onagracées
Thème : p. 38

CULTURE

Facile, à mi-ombre ou au soleil dans les régions tempérées. Cette variété est le fuchsia le plus rustique ; placez-la cependant en situation abritée. Attendez le printemps pour rabattre les rameaux. En fin d'automne, dans les zones fraîches, paillez généreusement le pied. Plante adaptée au bord de mer et formant de gros buissons dans les régions tempérées et douces.

Taille : rabattez les tiges au début du printemps, de façon moins sévère dans les zones chaudes.

Sol : humifère, plutôt frais acide et bien drainé, mais aussi en terre sableuse ou calcaire.

Multiplication : bouturage herbacé à chaud en juillet-août (difficile).

DESCRIPTIF

Arbuste ramifié à port buissonnant et rameaux fins. Feuilles de 3 à 4 cm de long, vert foncé luisant, verticillées, ovales et dentelées. Fleurs abondantes et solitaires, rouge et violet pourpré et à long pédoncule.

Origine : Pérou (variété trouvée en Écosse).

Dimensions : de 1 à 2,50 m de haut et de 1 à 1,50 m de large.

Utilisation : haies libres.

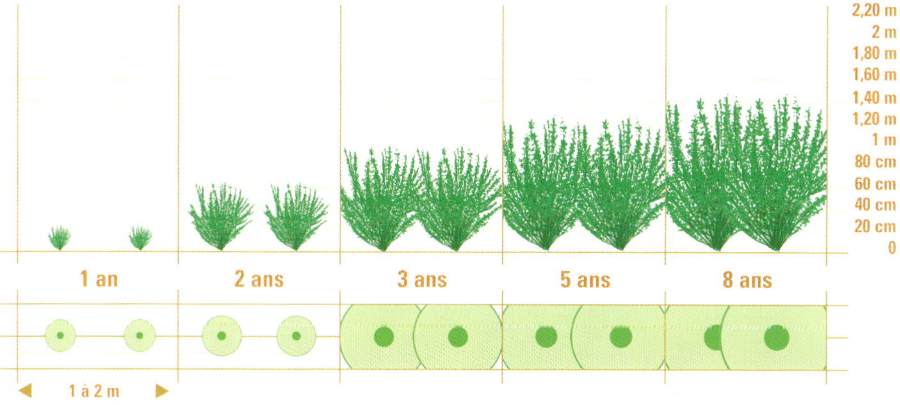

Genista

Genêt

Fam. : Légumineuses (Papilionacées)
Thème : p. 38

Culture

Arbustes touffus, adaptés aux jardins secs et au plein soleil, très florifères au printemps.

Taille : à la cisaille, après la floraison. Rabattre sévèrement à la fin de l'hiver *G. tinctoria* 'Royal Gold'.

Sol : ordinaire, sec et chaud, même calcaire.

Multiplication : semis à l'automne des graines prélevées dans les gousses. Boutures semi-ligneuses en août, sur rameaux latéraux ; repiquage sous châssis froid avec hormones.

Descriptif

Genista cinerea

Arbuste à port érigé et étalé, à longs rameaux flexueux et à écorce grise. Petites feuilles de 10 mm de long et de 3 mm de large, peu nombreuses, lancéolées ou ovales, gris-vert et à revers soyeux. Abondante floraison jaune d'or, très parfumée, en mai-juin.

Origine : Bassin méditerranéen.

Dimensions : de 2 à 3 m de haut et de 1,50 à 2,50 m d'étalement.

Utilisation : haies libres.

Distance de plantation : de 50 à 70 cm.

Genista cinerea.

Genêt d'Espagne *(Genista hispanica).*

Genista hispanica

Genêt d'Espagne

Arbrisseau épineux, à port étalé ou érigé et à ramure compacte, à installer en situation chaude. Petites feuilles de 10 mm de long et de 5 mm de large, linéaires, sessiles et vertes. Fleurs jaune d'or.

Origine : France méridionale, Espagne septentrionale.

Dimensions : de 50 cm à 1 m de haut et d'étalement.

Utilisation : petites haies défensives.

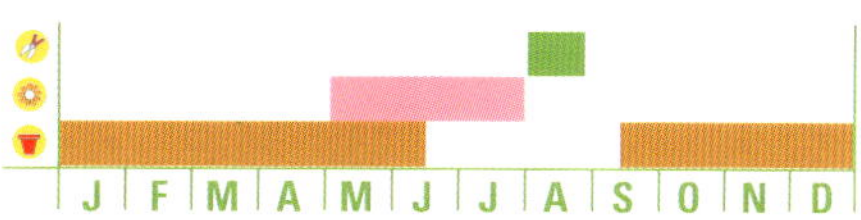

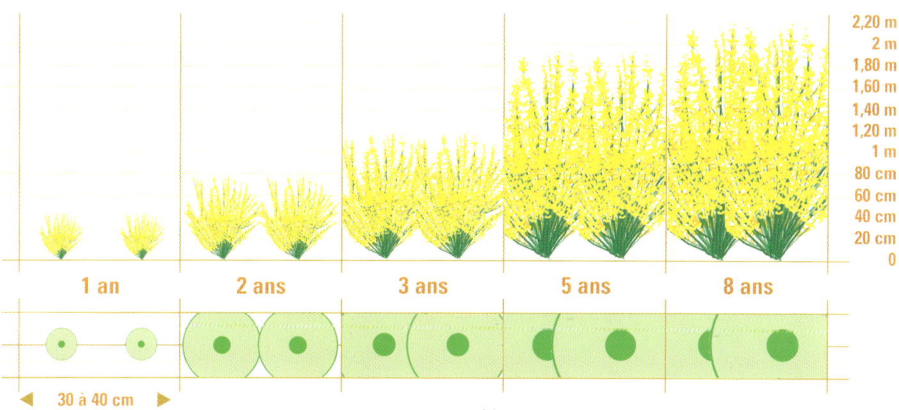

Genêt des teinturiers *(Genista tinctoria).*

Genista tinctoria

Genêt des teinturiers

Arbrisseau à port étalé ou érigé. Petites feuilles atteignant 5 cm de long et 1,5 cm de large, lancéolées, toujours simples et lisses à rebords soyeux. Abondantes fleurs jaunes disposées en longues hampes grêles. Gousses linéaires et dépourvues de poils.

Origine : Europe, Asie Mineure.

Dimensions : de 50 à 60 cm de haut, de 30 à 40 cm d'étalement.

Utilisation : petites haies et séparations.

Distance de plantation : de 30 à 40 cm.

Variétés : 'Plena', à fleurs jaunes doubles et très abondantes ; 'Royal Gold', de taille identique à l'espèce type et à floraison jaune d'or pouvant persister jusqu'à l'automne.

Particularité : cette espèce tire son nom de son ancienne utilisation pour l'extraction d'un colorant jaune.

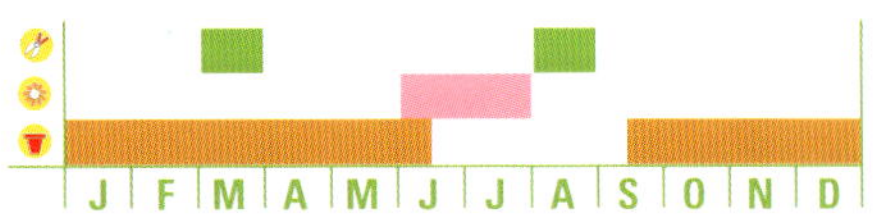

Genista lydia

Arbrisseau à port étalé ou érigé et touffu, à rameaux entrelacés, retombants et verts. Petites feuilles de 1 cm de long, linéaires et vert foncé. Fleurs jaune d'or groupées par trois ou quatre.

Origine : Balkas, Asie Mineure (Syrie).

Dimensions : jusqu'à 1 m de haut et d'étalement.

Utilisation : petites haies et séparations.

Distance de plantation : de 30 à 40 cm.

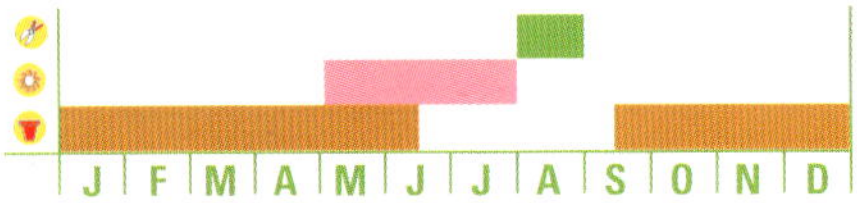

Ci-contre : genêt des teinturiers *(Genista tinctoria).*

Ci-dessous : *Genista lydia.*

Grevillea rosmarinifolia

Grévillée

Fam. : Protéacées
Thème : p. 52

Descriptif

Arbuste touffu et vigoureux. Feuilles linéaires de 3 à 5 cm de long, vert foncé, à revers argenté, rappelant celles du romarin. Fleurs rouge cramoisi en belles grappes terminales serrées.

Origine : Australie, Nouvelle-Galles du Sud.

Dimensions : de 1,50 à 2 m de haut et 70 cm d'étalement.

Utilisation : haies libres ou taillées.

Culture

Arbuste bien adapté aux jardins méditerranéens ou du littoral atlantique, à planter en situation chaude et ensoleillée. Paillez en hiver.

Taille : au sécateur, à la fin de l'hiver.

Sol : siliceux et bien drainé.

Multiplication : semis de janvier à mars.

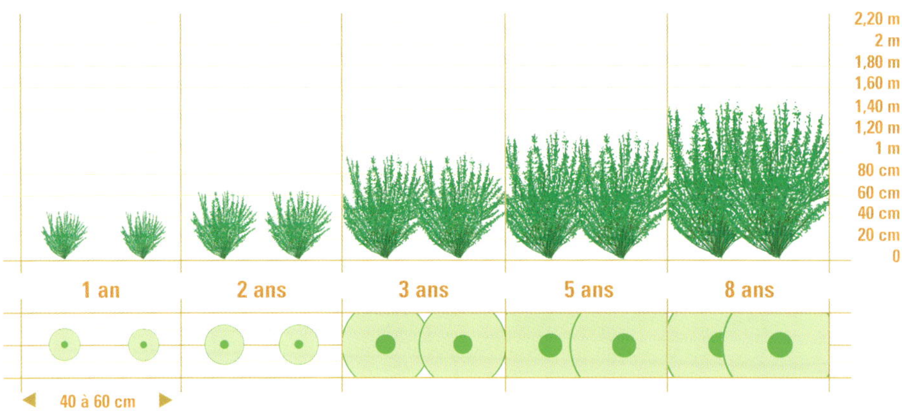

Hamamelis mollis

HAMAMÉLIS

Fam. : Hamamélidacées

Thème : p. 46

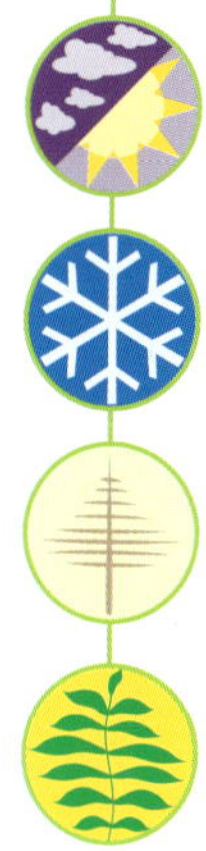

CULTURE

Arbuste tolérant et robuste, facile à mener.

Taille : taille d'équilibrage à la fin de l'hiver.

Sol : léger, frais et humifère, plutôt acide (effectuez un apport de tourbe à la plantation).

Multiplication : semis, bouturage à talon en juillet-août ou marcottage (deux ans d'enracinement).

DESCRIPTIF

Arbuste à fortes branches étalées et à jeunes rameaux pubescents, intéressant pour sa floraison hivernale. Grandes feuilles de 10 cm, vertes au printemps et jaune doré à l'automne, arrondies, dentées et à revers pubescent. Abondantes fleurs jaunes parfumées, à quatre pétales en lanières.

Origine : Chine.

Dimensions : 2,50 m de haut et d'étalement.

Utilisation : haies libres.

Variété : 'Pallida', de taille identique à celle de l'espèce type, mais à floraison abondante jaune soufre.

Particularité : à cultiver pour ses fleurs précoces, ses couleurs et son agréable parfum hivernal.

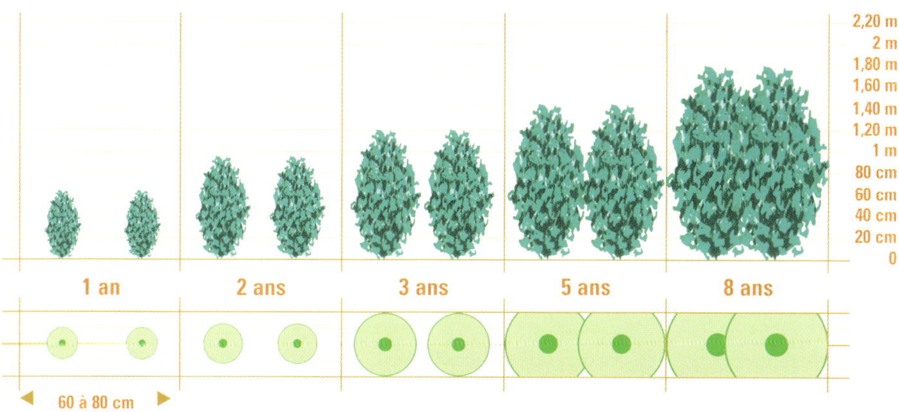

Hebe

Hébé, véronique en arbre

Fam. : Scrophulariacées
Thème : p. 38

Culture

Les hébés sont de petits arbustes plus ou moins rustiques, à planter à l'abri des vents. Paillez le pied, avant l'hiver, dans les régions fraîches.

Taille : inutile.

Sol : ordinaire, bien drainé, même calcaire.

Multiplication : bouturage de tige en été.

Descriptif

Hebe x *andersoni*

Arbuste à port touffu et arrondi, hybride de *H. speciosa* et de *H. lindleyana*. Feuilles allongées de 6 cm, persistantes, épaisses et sessiles. Fleurs violacées. À réserver aux climats doux et aux situations bien abritées.

Dimensions : 70 cm de haut et 40 cm d'étalement.

Distance de plantation : de 30 à 40 cm.

Utilisation : séparations et petites haies.

Variété : 'Variegata' (de 70 cm à 1 m de haut), à feuilles vertes bordées de blanc et à fleurs violet clair.

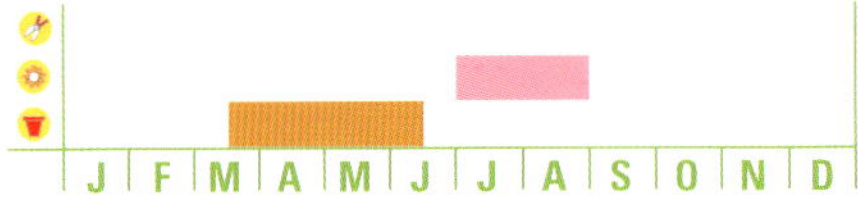

Hebe x *andersoni*.

Hebe macrantha.

Hebe brachysiphon

Arbuste élégant et fin, formant un buisson arrondi et dense, relativement rustique et supportant bien l'hiver dès lors qu'il est suffisamment enraciné et abrité des vents. Bien adapté en bord de mer. Petites feuilles persistantes, elliptiques, de 1 à 2 cm de long, épaisses et vert foncé. Petites fleurs blanches formant de jolies grappes de 5 cm de long, dans la partie terminale des rameaux, en juin-juillet.

Origine : Nouvelle-Zélande.

Dimensions : de 60 cm à 1,50 m de haut et de 50 cm à 1 m d'étalement.

Utilisation : haies libres.

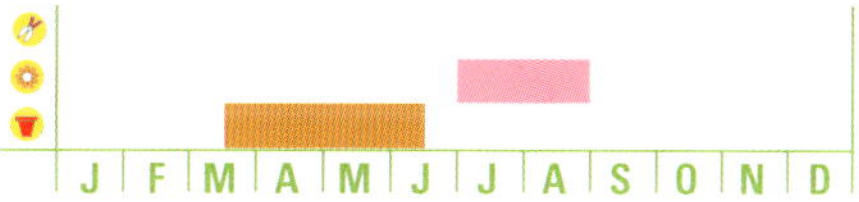

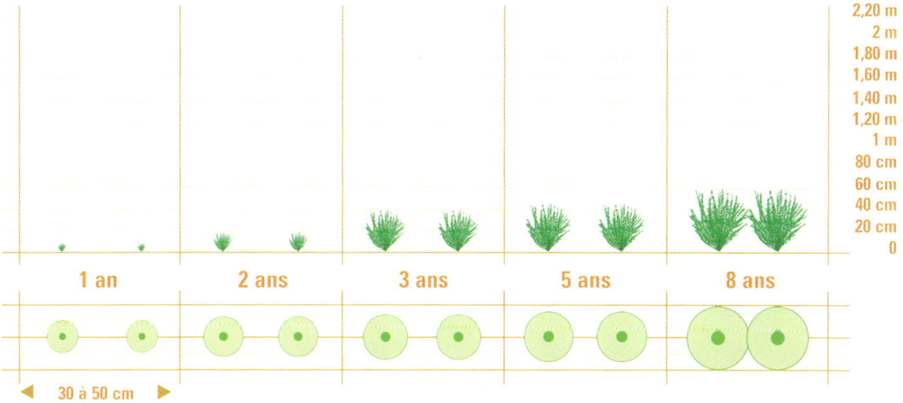

Hibiscus syriacus

MAUVE EN ARBRE

Fam. : Malvacées

Thème : p. 52

DESCRIPTIF

Arbuste à port dressé, très ramifié, à rameaux assez raides. Petites feuilles ovales à la base, trilobées, grossièrement dentées et vert clair. Fleurs solitaires à cinq pétales pourpre violacé, sur le bois de l'année.

Origine : Chine, Inde.

Dimensions : de 2 à 3 m de haut.

Utilisation : haies libres.

Variétés : nombreux cultivars se distinguant surtout par les fleurs. 'Diana', à fleurs blanches, de 10 cm de diamètre ; 'Duc de Brabant', à fleurs doubles, rouge foncé, de 6 cm de diamètre ; 'Oiseau Bleu', à fleurs bleues, de 8 cm de diamètre.

Particularité : espèce appréciée pour sa longue floraison, originaire d'Extrême-Orient et non de Syrie, malgré son nom scientifique.

CULTURE

Arbuste à planter en situation ensoleillée et abritée, tolérant la pollution urbaine.

Taille : sévère, à la fin de l'hiver.

Sol : ordinaire, bien drainé, même calcaire.

Multiplication : bouturage à talon en juin-juillet.

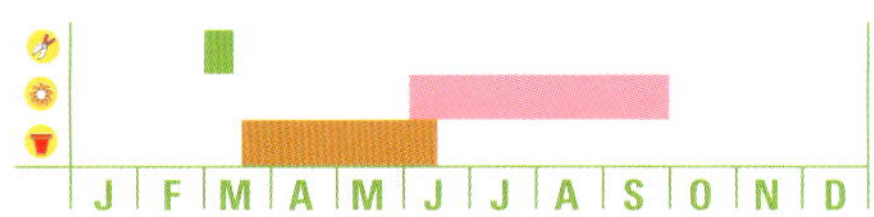

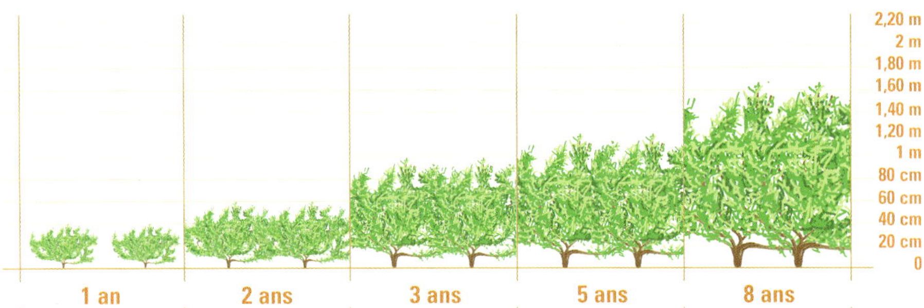

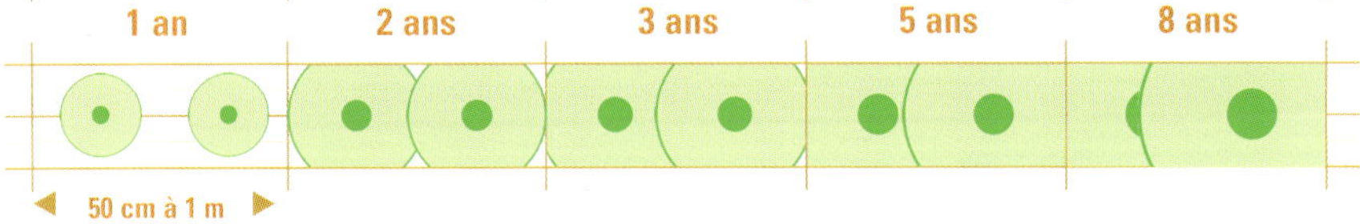

Hippophae rhamnoides

ARGOUSIER

Fam. : Elaegnacées
Thèmes : p. 32 ; 34 ; 40

CULTURE

Espèce peu exigeante, supportant bien la taille et adaptée aux zones salées ou ventées et aux terrains sablonneux, mais demandant le plein soleil.

Taille : rabattez en hiver pour régulariser la forme.

Sol : ordinaire, même calcaire, sableux, salé ou sec.

Multiplication : bouture aoûtées, semis en automne.

DESCRIPTIF

Petit arbre dioïque à rameaux écailleux et gris argenté lorsqu'ils sont jeunes, se terminant en épine. Feuilles de 3 à 8 cm de long, lancéolées et grises, à revers argenté. Minuscules fleurs mellifères et jaune verdâtre (espèce dioïque). Fruits globuleux et orangés.

Origine : Europe et Asie tempérée.

Dimensions : de 4 à 5 m de haut.

Utilisation : haies libres ou taillées (notamment pour fixer les sols sableux).

Particularité : les fruits, comestibles, donnent un jus riche en vitamine C.

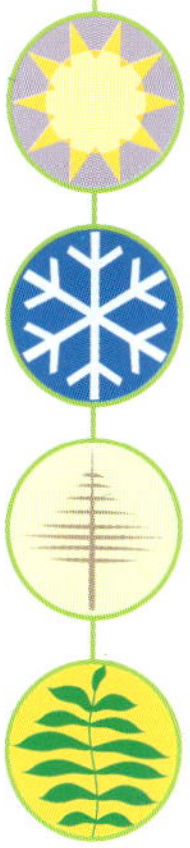

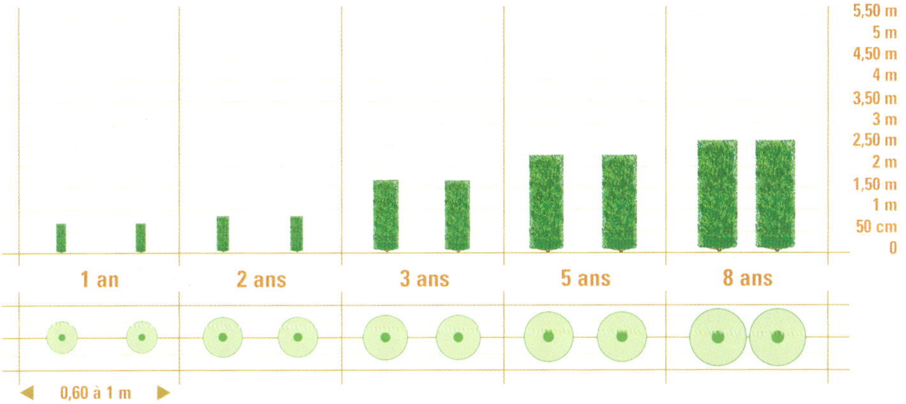

Hydrangea

Hydrangéa

Fam. : Saxifragacées
Thème : p. 36

Culture

Les hydrangéas sont des arbustes en général assez rustiques, mais pouvant être endommagés lors des hivers rigoureux dans les régions fraîches. Ils aiment les atmosphères humides et douces et réussissent particulièrement sous le climat océanique. Ils apprécient la mi-ombre (exposition nord), mais s'épanouissent aussi en plein soleil dans les régions tempérées. Ils craignent les vents froids et desséchants et doivent être arrosés régulièrement.

Taille : supprimez les fleurs fanées en fin d'hiver (en prenant garde de ne pas endommager les boutons floraux) ; éclaircissez les touffes si nécessaire.

Sol : frais et profond. À la plantation, apportez du terreau et de la tourbe. Les terres franchement calcaires ne sont pas supportées. En ce qui concerne les hortensias *(H. macrophylla)*, les cultivars à fleurs bleues demandent un sol plus acide (pH = 5) que les sujets à fleurs blanches, roses ou rouges (pH = 6,5).

Multiplication : boutures de rameaux latéraux en août.

Descriptif

Hydrangea macrophylla

Hortensia

Arbuste à port très ramifié à la base et à rameaux verticaux peu ligneux. Grandes feuilles de 10 à 15 cm de diamètre, ovales, pointues, dentées et vert foncé. Les inflorescences en corymbes terminaux sont constituées des fleurs stériles roses, bleues, rouges ou blanches, décoratives, et de fleurs fertiles peu apparentes.

Hortensia *(Hydrangea macrophylla)*.

Hortensia *(Hydrangea macrophylla)*.

Origine : Chine, Japon.
Dimensions : de 50 cm à 3 m de haut et de 50 cm à 2,50 m d'étalement.
Utilisation : haies libres.
Distance de plantation : de 40 cm à 1 m.
Variétés : les nombreux cultivars se distinguent par le coloris des fleurs et par la vigueur. 'Benelux Bleu' (1 m de haut), à fleurs bleuissant en fonction de l'acidité du sol ; 'Bodensee' (50 cm de haut), pour séparations basses et bordures, à port touffu et à fleurs bleu intense ; 'Hamburg' (1,50 m de haut), à grandes fleurs roses ou bleues ; 'Lanarth White' (1 m de haut), à fleurs bleues au centre et blanches en périphérie ; 'Sœur Thérèse' (1 m de haut), à grandes fleurs blanches ; 'Veitchii' (2 m de haut), à grandes fleurs blanches.

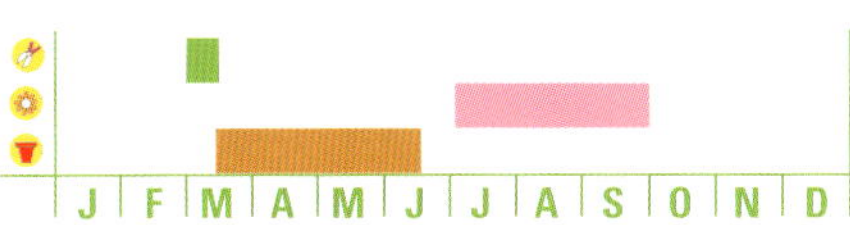

Hydrangea paniculata.

Hydrangea paniculata

Arbuste très rustique à port dressé et à rameaux denses, allongés, arqués et non ramifiés. Belles feuilles de 10 cm de long, ovales lancéolées et finement dentées, vert clair à revers pubescent. Les petites fleurs, blanches puis rosées en fin de floraison, sont regroupées en grandes panicules dressées, coniques et terminales. Cette espèce doit être taillée assez sévèrement au printemps, chaque

Hydrangea quercifolia.

branche étant rabattue à 5 cm de son point d'attache.

Origine : Chine, Japon.

Dimensions : de 1,50 à 3 m de haut et de 1 à 2,50 m d'étalement.

Utilisation : haies libres.

Distance de plantation : de 40 cm à 1 m.

Variétés : 'Floribunda', à fleurs dotées d'un petit œil rouge ; 'Grandiflora' (1,50 m de haut et 1 m d'étalement), à grosses panicules denses ; 'Praecox', à floraison très précoce ; 'Tardiva' (1,50 m de haut), à inflorescences allongées et tardives.

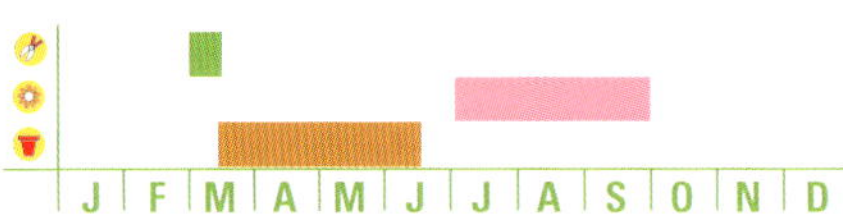

Hydrangea quercifolia

Hydrangéa à feuilles de chêne

Arbuste à jeunes rameaux recouverts d'un duvet épais et ferrugineux. Grandes feuilles de 15 à 30 cm de long, ovales et irrégulièrement dentées, vert franc se teintant de rouge et d'orangé à l'automne. Floraison en panicules dressées de plus de 20 cm de long, blanches puis se teintant de pourpre.

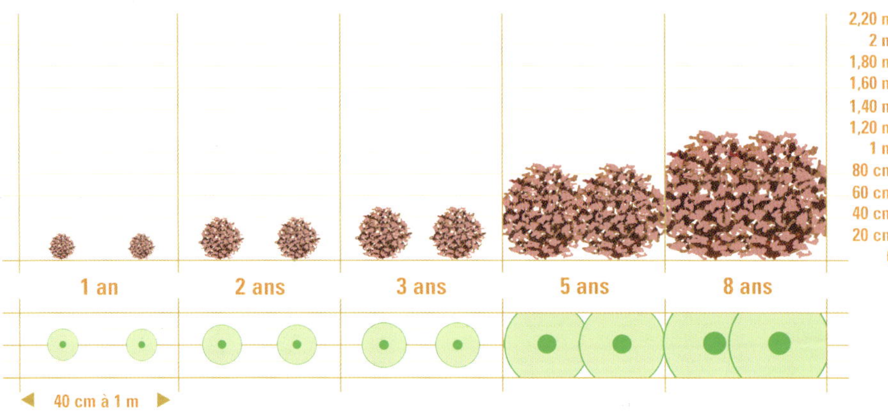

Hydrangea quercifolia.

Origine : États-Unis.
Dimensions : de 1,50 à 3 m de haut et de 1 à 1,50 m d'étalement.
Utilisation : haies libres.

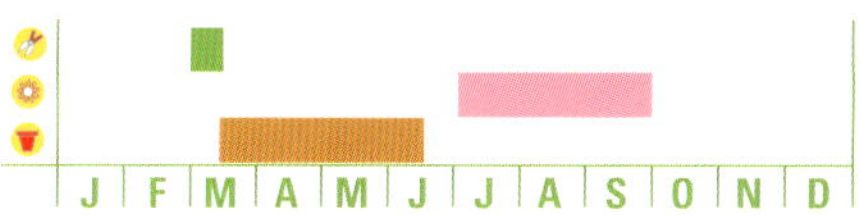

Hydrangea sargentiana

Arbuste moyennement rustique à port faiblement ramifié et à rameaux pubescents. Grandes feuilles de 20 cm de long, vertes, ovales et à base arrondie. Fleurs stériles roses et fleurs fertiles violettes, regroupées en inflorescences arrondies et aplaties.
Origine : Chine.
Dimensions : de 1 à 2 m de haut et de 50 cm à 1,50 m d'étalement.
Utilisation : haies libres.
Distance de plantation : de 30 à 80 cm.

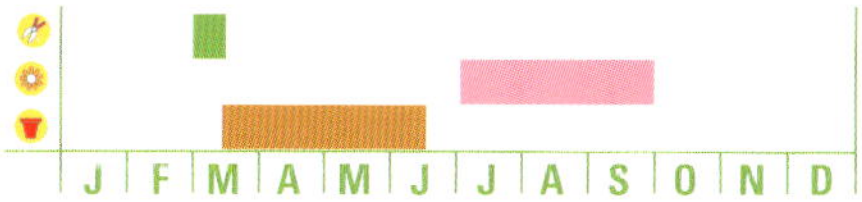

Hydrangea sargentiana.

Hypericum patulum 'Hidcote'

MILLEPERTUIS

Fam. : Guttifères
Thème : p. 38

CULTURE

Taille : sévère après l'hiver.
Sol : ordinaire, bien drainé, assez sec, même un peu calcaire. Évitez l'apport d'engrais.
Multiplication : boutures semi-herbacées en été.

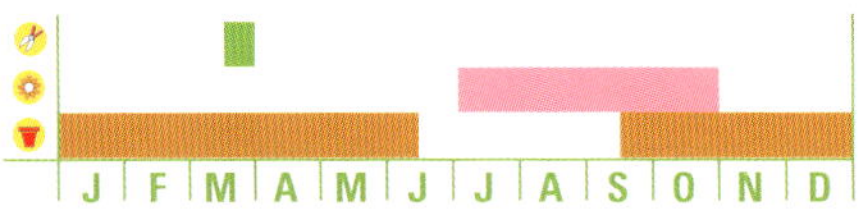

DESCRIPTIF

Arbuste très ramifié. Feuilles lancéolées, vert foncé, à revers plus pâle. Fleurs dorées, aplaties et arrondies. Fructification inexistante.
Dimensions : de 1 à 1,50 m de haut et de 70 cm à 1,20 m d'étalement.
Utilisation : petites haies libres.
Variétés : *H. paturum* 'Sungold', de même taille que 'Hidcote', à fleurs jaune clair et à fruits rouges au début de l'été et noirs au début de l'automne, bien adaptée aux haies colorées ; *H. paturum* var. *forestii* présente des fruits rouges et, à l'automne, un feuillage caduc rouge pur.

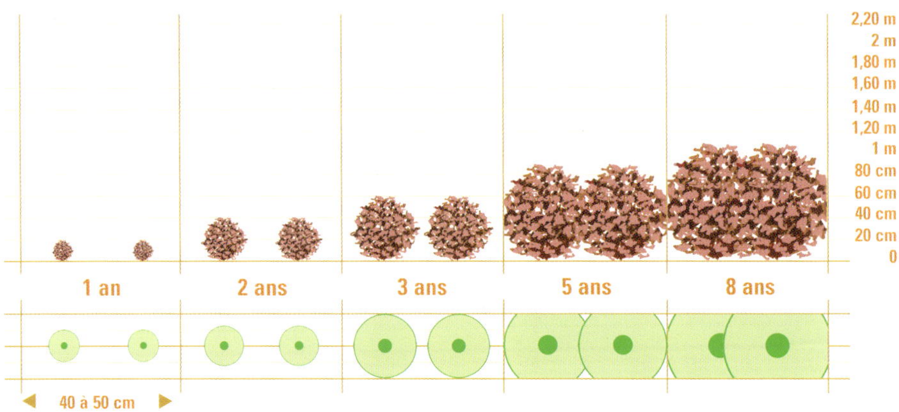

Houx

Fam. : Aquifoliacées
Thèmes : p. 32 ; 34 ; 44

Ilex x *altaclerensis* 'Golden King'.

Culture

Espèces supportant bien la taille, adaptées aux atmosphères marine et urbaine. Le genre étant dioïque, seuls les pieds femelles portent des fruits : plantez au moins un pied mâle pollinisateur pour cinq pieds femelles pour obtenir une fructification.

Taille : au sécateur, au début du printemps.

Sol : ordinaire, plutôt léger et bien drainé, mais pas ou peu calcaire.

Multiplication : boutures à l'étouffée de rameaux latéraux en été, avec hormones d'enracinement.

Particularité : baies vénéneuses.

Descriptif

Ilex x *altaclerensis*

Hybride de *I. aquifolium* et *I. perado platycephale*. Grandes feuilles de 8 cm de long, vertes, aplaties et faiblement épineuses. Fleurs discrètes à l'aisselle des feuilles. Fruits rouges.

Dimensions : de 5 à 10 m de haut et de 2 à 5 m d'étalement.

Utilisation : haies libres et taillées, brise-vent.

Distance de plantation : de 80 cm à 1,50 m.

Variétés : 'Golden King', à grandes feuilles vert foncé largement panachées d'or et à fruits rouge vif ; 'Lawsoniana' (jusqu'à 10 m de haut), à feuillage vert-jaune.

Ci-contre : Houx commun *(Ilex aquifolium).*

En médaillon : Houx commun en fleur *(Ilex aquifolium).*

Ilex aquifolium

Houx commun

Arbuste à croissance moyenne, à port érigé et ramifié. Feuilles de 5 cm de long, de forme variable, coriaces, à bord ondulé et vert foncé, plus épineuses sur les plants mâles que sur les femelles. Petites baies rouge ardent, persistantes jusqu'à la fin de l'automne.

Origine : Europe.

Dimensions : de 8 à 13 m de haut et de 3 à 6 m d'étalement.

Utilisation : haies défensives libres ou taillées, brise-vent.

Variétés : 'Alaska', à feuilles très épineuses et fruits abondants ; 'Albomarginata', à feuilles d'abord cuivrées puis marginées de blanc ; 'Myrtifolia', à feuilles vert foncé brillant, sans fruits, pour haies basses.

Ilex crenata

Arbuste à rameaux serrés et érigés, couverts d'un fin duvet. Petites feuilles de 2 cm de long, vert foncé brillant, non épineuses. Fruits noirs.

Origine : Japon.

Dimensions : de 3 à 5 m de haut et de 1 à 3 m d'étalement.

Utilisation : haies libres.

Distance de plantation : de 80 cm à 1,50 m.

Variétés : 'Convexa' (1,50 m de haut et 1 m d'étalement), plus cultivé que le type, à feuilles non épineuses, pour petites haies et bordures ; 'Golden Gem', forme naine pour haies basses et séparations.

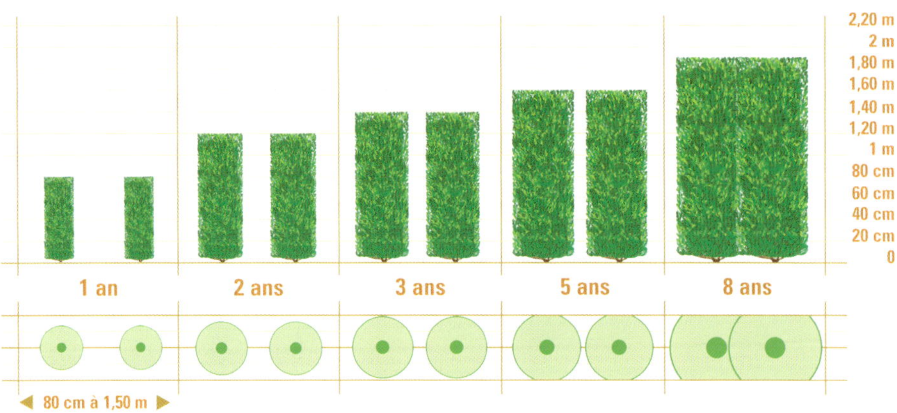

Genévrier

Famille : Cupressacées
Thèmes : p. 32 ; 34 ; 38

Culture

Conifères faciles à cultiver, supportant bien la sécheresse, les températures extrêmes et la pollution atmosphérique.

Taille : au sécateur, en juin, sur le bois de l'année.

Sol : ordinaire, bien drainé, même sec et calcaire.

Multiplication : boutures à talon, prélevées sur de jeunes sujets en été.

Genévrier de Chine 'Obelisk'.

Descriptif

Juniperus chinensis

Genévrier de Chine

Arbre à port en colonne ou en cône (pour les sujets femelles) et à végétation dense. Feuilles aciculaires. Chatons mâles jaunes. Fructification ovoïde et brunâtre.

Origine : Chine, Japon.

Dimensions : de 20 à 30 m de haut et de 4 à 5 m d'étalement.

Utilisation : haies taillées et sculptées, brise-vent, écrans, haies défensives.

Distance de plantation : de 80 cm à 1 m.

Variétés : 'Blue Alps' (1,50 m de haut et d'étalement), à port évasé et à rameaux bleutés dotés d'épines ; 'Kaizuka' (3 m de haut et d'étalement), à port évasé et rameaux tortueux ; 'Obelisk', cultivar nain pour haies basses.

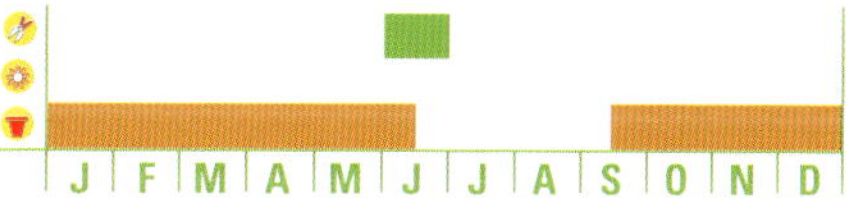

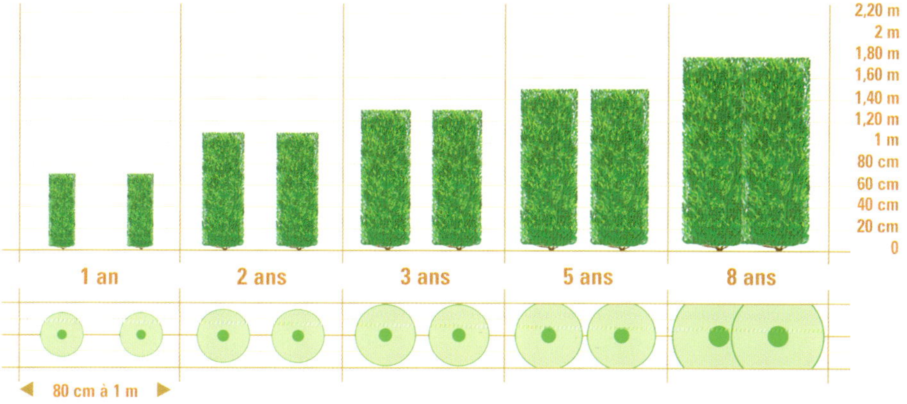

Genévrier commun *(Juniperus communis)*.

Juniperus communis

Genévrier commun

Conifère ramifié dès la base, à port variable (érigé, pyramidal ou en colonne) et écorce rougeâtre. Feuilles aciculaires et piquantes, blanches, à revers gris-vert. Chatons mâles ovoïdes. Inflorescences femelles discrètes et vertes. Fruits sphériques dotés de six écailles soudées, glauques la première année et bleu-noir la seconde.

Dimensions : de 5 à 10 m de haut.

Utilisation : haies défensives libres et taillées, brise-vent.

Variétés : 'Compressa' (1 m de haut et 30 cm d'étalement), à feuillage bleuté, pour haies basses ; 'Hibernica', genévrier d'Irlande (4 m de haut et 1 m d'étalement), à port en colonne et feuillage argenté.

Juniperus squamata

Genévrier écailleux

Arbuste à port variable et rameaux verts inclinés à leur extrémité. Feuilles aciculaires bleu-vert. Cette espèce supporte bien les sols calcaires.

Origine : Afghanistan, Himalaya.

Dimensions : jusqu'à 10 m de haut.

Utilisation : haies libres et taillées, brise-vent.

Distance de plantation : de 1 à 1,20 m.

Variétés : 'Loderi' (1,50 m de haut et 1 m d'étalement), à port conique et feuillage bleuté ; 'Meyeri' (3 m de haut et d'étalement), à port touffu et feuillage bleu acier.

Genévrier écailleux 'Meyeri' *(Juniperus squamata)*.

Laburnum anagyroides

Cytise commun, cytise faux ébénier

Fam. : Légumineuses
Thèmes : p. 30 ; 32

Multiplication : boutures de tête en mars-avril, avec hormones d'enracinement.

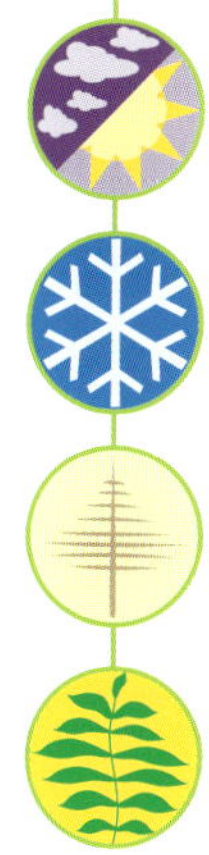

Descriptif

Arbuste buissonnant à bois dur, à cime étalée et à rameaux verts et pubescents. Feuilles de 5 cm de long, ovales, presque sessiles et composées de trois folioles, vertes à revers grisâtre, puis dorées à l'automne. Abondantes fleurs jaunes en grappes pendantes de 30 cm de long. Fruits pubescents.

Origine : Europe centrale et méridionale.

Dimensions : de 3 à 8 m de haut.

Utilisation : haies libres, écrans.

Particularité : bois parfois utilisé par les menuisiers pour remplacer l'ébène. Toutes les parties de la plante sont toxiques et ses graines sont mortelles.

Culture

Espèce résistante et facile à cultiver, peu exigeante quant au sol et acceptant aussi bien la mi-ombre que le soleil.

Taille : équilibrage de charpente, après la floraison.

Sol : ordinaire, plutôt profond et calcaire, mais même hétérogène.

Laurus nobilis

Laurier-sauce, laurier d'Apollon

Fam. : Lauracées
Thème : p. 32

Culture

Espèce bien adaptée aux climats du Bassin méditerranéen et du littoral atlantique, mais donnant aussi de très bons résultats, en situation abritée sous les climats plus frais. Il supporte bien la culture en bac.

Taille : au sécateur, en fin d'hiver (plusieurs fois dans l'année si nécessaire).

Sol : ordinaire, même sec et calcaire ; végétation plus épanouie en terre fertile et bien drainée.

Multiplication : semis, marcottage, bouturage à talon en septembre (sous abri).

Descriptif

Arbre dioïque, touffu et drageonnant, à port pyramidal. Feuilles de 10 cm de long, lancéolées et elliptiques, d'abord grisâtres puis vert foncé luisant, très aromatiques. Fleurs mâles blanc jaunâtre, fleurs femelles insignifiantes. Fruits noirs et sphériques, proches d'une olive.

Origine : Bassin méditerranéen.

Dimensions : de 5 à 12 m de haut.

Utilisation : haies libres ou taillées, brise-vent.

Particularité : feuillage très odorant utilisé pour aromatiser les plats.

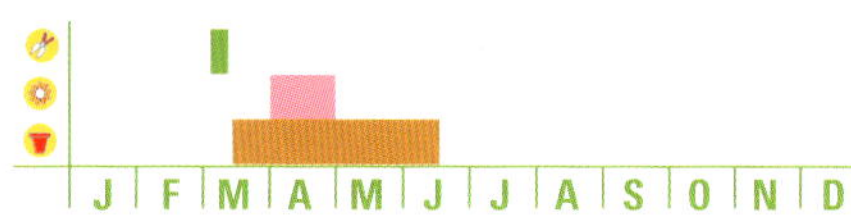

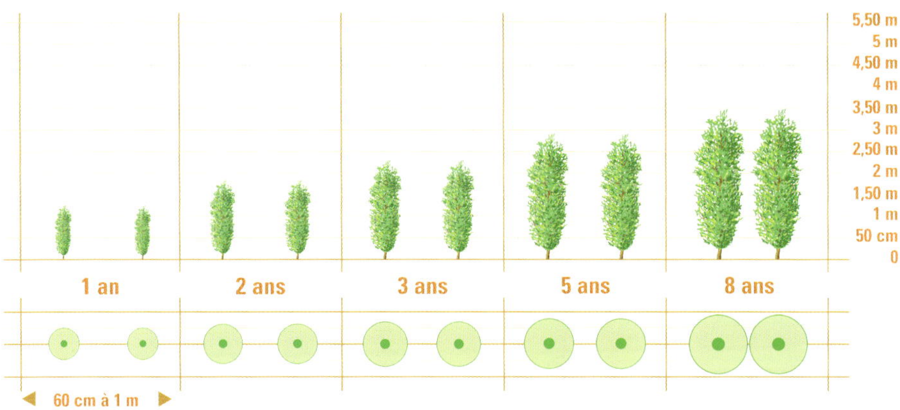

LAVANDE

Fam. : Labiacées
Thèmes : p. 38 ; 48

Lavande vraie *(Lavandula angustifolia).*

CULTURE

Les lavandes demandent une situation bien ensoleillée et pas trop humide.

Taille : à la cisaille, après la floraison.

Sol : sain, bien drainé, plutôt sec et calcaire, même aride et rocailleux.

Multiplication : boutures de tête au printemps, à l'étouffée avec hivernage sous châssis froid.

DESCRIPTIF

Lavandula angustifolia

Lavande vraie

Arbuste touffu suffrutescent, pouvant être cultivé en plein air. Feuilles de 5 cm de long, linéaires, velues et gris-vert. Fleurs parfumées bleu-violet, groupées en verticilles formant de longs épis denses.

Origine : Bassin méditerranéen.

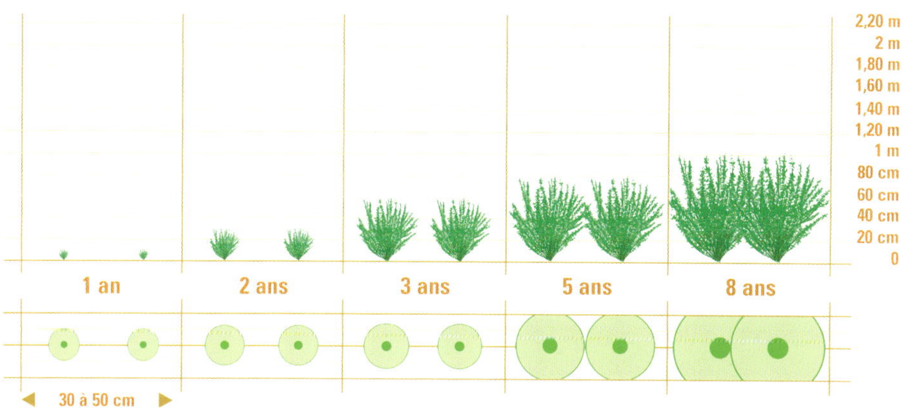

Lavande vraie *(Lavandula angustifolia).*

Dimensions : de 30 cm à 1 m de haut et de 20 cm à 1 m d'étalement.

Utilisation : petites haies, séparations, bordures.

Variétés : 'Edelweiss', à fleurs blanches ; 'Hidcote' (30 cm de haut), cultivar nain pour haies basses ; 'Munstead' (50 cm de haut), très touffu et à fleurs bleu foncé ; 'Rosea', à fleurs roses.

Particularité : espèce très mellifère.

Lavandula stoechas

Lavande à toupet

Lavande moyennement rustique, à protéger du froid dans les régions à hiver rigoureux, acceptant un sol peu calcaire. Arbuste très ramifié. Feuilles linéaires, sessiles, gris-vert. Épis pourpre-violet terminés par une houppe de bractées bleutées.

Origine : péninsule Ibérique.

Dimensions : de 40 à 60 cm de haut.

Utilisation : haies basses, séparations.

Distance de plantation : de 30 à 50 cm.

Variété : 'Pedunculata', lavande-papillon, à tiges plus allongées que chez le type.

Particularité : espèce très odorante et mellifère.

Ci-contre : lavande à toupet *(Lavandula stoechas).*

TROÈNE

Fam. : Oléacées
Thèmes : p. 32 ; 34

CULTURE

Espèces supportant la pollution urbaine, remarquablement bien adaptées à la taille, résistantes et aptes à la culture en bac. Toutefois, le système radiculaire développé limite les possibilités de culture d'autres espèces au pied. Les troènes d'une certaine taille tendent à se dénuder à la base ; il faut donc limiter la hauteur dès que le pied commence à se dégarnir.

Taille : au printemps et en été, à la cisaille ou au sécateur.

Sol : ordinaire, même sec et calcaire ; apportez des fertilisants végétaux.

Multiplication : bouturage de tête en été (facile).

Troène du Japon 'Texanum Erectum'.

DESCRIPTIF

Ligustrum japonicum

Troène du Japon

Arbuste à rameaux verticaux lenticellés et à feuillage ample et persistant. Feuilles de 8 à 10 cm de long, ovales acuminées, vert brillant, à nervures rouges et légèrement marginées de rouge. Petites fleurs blanches en panicules terminales.

Origine : Chine, Corée, Japon.

Dimensions : de 2 à 4 m de haut et de 1 à 2,50 m d'étalement.

Utilisation : haies libres ou taillées, brise-vent.

Distance de plantation : de 60 cm à 1 m.

Variétés : 'Aureum', à feuilles jaunes ; 'Rotundifolium', cultivar nain, à feuilles épaisses et vrillées, pour haies basses ; 'Texanum', à feuillage vert brillant, à revers argenté ; 'Texanum Erectum', à port élancé et feuilles allongées.

Troène du Japon 'Rotundifolium'.

Ligustrum lucidum

Arbrisseau moyennement rustique, persistant, à végétation vigoureuse et touffue, à rameaux lenticellés et évasés. Feuilles de 10 cm de long, légèrement coriaces, arrondies et vert pur. Fleurs blanches groupées en grandes panicules compactes. Petits fruits.

Origine : Chine, Japon.

Dimensions : de 4 à 10 m de haut et de 2 à 4 m d'étalement.

Utilisation : haies libres ou taillées, brise-vent.

Distance de plantation : de 50 cm à 1 m.

Variété : 'Tricolor', à bord des feuilles rose puis jaunâtre.

Ligustrum ovalifolium

Troène de Californie

Arbuste semi-persistant touffu, à port dressé et à rameaux allongés, glabres et souples. Feuilles de 4 à 7 cm de long, ovales elliptiques, vert foncé, à revers vert-jaune. Petites fleurs blanches odorantes groupées en panicules. Les fruits sont de petites baies globuleuses et noires.

Origine : Japon.

Dimensions : de 3 à 5 m de haut et de 1 à 2,50 m d'étalement.

Utilisation : haies libres ou taillées, brise-vent.

Distance de plantation : de 50 cm à 1 m.

Variétés : 'Albomarginatum', à feuilles marginées de blanc ; 'Argenteum', troène argenté, à feuilles panachées de blanc ; 'Aureum' (3 m de haut), troène doré, à feuilles panachées de jaune.

Particularité : les baies sont appréciées des oiseaux.

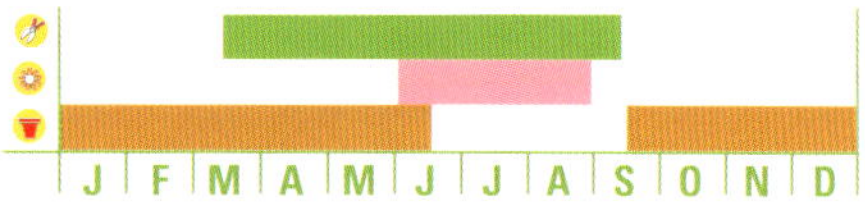

Troène de Californie 'Aureum'.

Ligustrum vulgare

Troène commun, troène d'Europe

Arbuste buissonnant très ramifié, à rameaux fins et jeunes pousses pubescentes, seule espèce européenne du genre. Feuilles de 5 cm de long, coriaces, pointues et vert brillant, obovales ou lancéolées. Petites fleurs blanches en panicules terminales. Fruits noirs.

Origine : Bassin méditerranéen, Europe.

Dimensions : de 3 à 4 m de haut.

Utilisation : haies libres ou taillées, brise-vent.

Variétés : 'Atrovirens', à petites feuilles persistantes ; 'Atrovirens Select' (2 m de haut), à branches verticales et feuilles étroites ; 'Aureum' (de 2 à 3 m de haut), à feuilles jaunes.

Particularité : les fruits sont toxiques pour l'homme.

Troène d'Europe 'Atrovirens Select'.

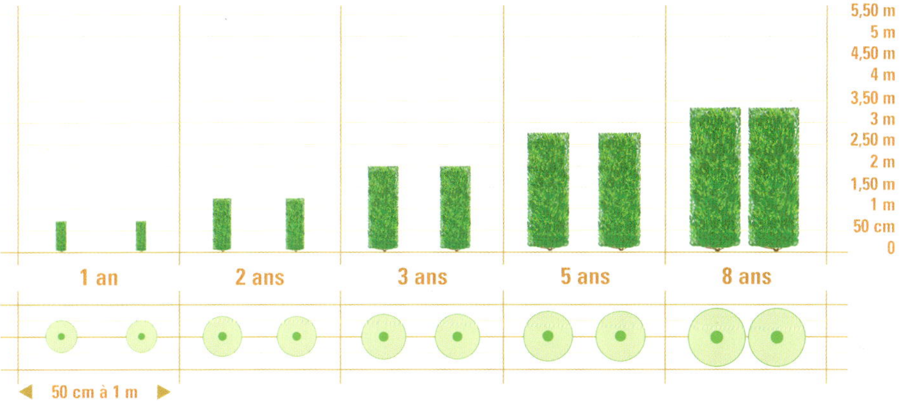

Lonicera

CHÈVREFEUILLE

Fam. : Caprifoliacées
Thèmes : p. 32 ; 34 ; 38

Ci-dessus : belle floraison du chèvrefeuille des haies ou camerisier *(Lonicera xylosteum).*

À droite : floraison du chèvrefeuille de Tartarie 'Rosea' *(Lonicera tatarica).*

CULTURE

Espèces supportant le soleil, mais mieux adaptées à la mi-ombre.

Taille : au sécateur, après la floraison pour les chèvrefeuilles à feuillage caduc ; au printemps et en été pour les espèces persistantes.

Sol : ordinaire, même aride et peu fertile.

Multiplication : boutures de tige, en été, sur tiges d'extrémités ; piquez dans un mélange de sable et de tourbe, même directement en place.

Particularité : baies toxiques.

Chèvrefeuilles à feuillage caduc

DESCRIPTIF

Lonicera tatarica

Chèvrefeuille de Tartarie

Chèvrefeuille arbustif. Feuilles de 4 à 6 cm de long, acuminées, vert foncé. Baies rouge clair.

Origine : Russie méridionale, Asie centrale.

Dimensions : de 2 à 3 m de haut et 2 m d'étalement.

Utilisation : haies libres.

Distance de plantation : de 40 à 60 cm.

Variétés : 'Alba', à fleurs blanches ; 'Hack's Red', de même taille que l'espèce type, à port touffu et floraison pourpre vif ; 'Rosea', à fleurs rose brillant.

Lonicera xylosteum

Chèvrefeuille des haies, camerisier

Arbuste à jeunes rameaux pubescents. Feuilles de 6 cm de long, ovales arrondies, pubescentes comme les pédoncules. Fleurs blanches inodores. Les fruits sont des baies rouges à maturité.

Origine : Europe.

Dimensions : de 2 à 3 m de haut et de 1,50 à 2 m d'étalement.

Utilisation : haies libres.

Chèvrefeuille des haies ou camerisier *(Lonicera xylosteum).*

Lonicera nitida.

Distance de plantation : de 40 à 60 cm.

Variétés : *L. xylosteoides*, hybride de *L. tatarica* et de *L. xylosteum*, est à l'origine du cultivar 'Clavey's Dwarf' (1 m de haut et d'étalement), à port compact et fleurs blanches, bien adapté aux petites haies libres.

Chèvrefeuille à feuillage persistant

Descriptif

Lonicera nitida

Arbuste très ramifié, à tiges minces et souples. Minuscules feuilles de 1 cm de long, coriaces, arrondies et vert foncé ; jeunes pousses pourprées. Fleurs très discrètes.

Origine : Chine.

Dimensions : de 1,50 à 2 m de haut.

Utilisation : haies libres ou taillées.

Variétés : 'Elegant' (1 m de haut et d'étalement), à port évasé et compact, pour haies basses et bordures ; 'Maigrün' (1,20 m de haut et d'étalement), à port étalé et très dense, à feuilles vert brillant.

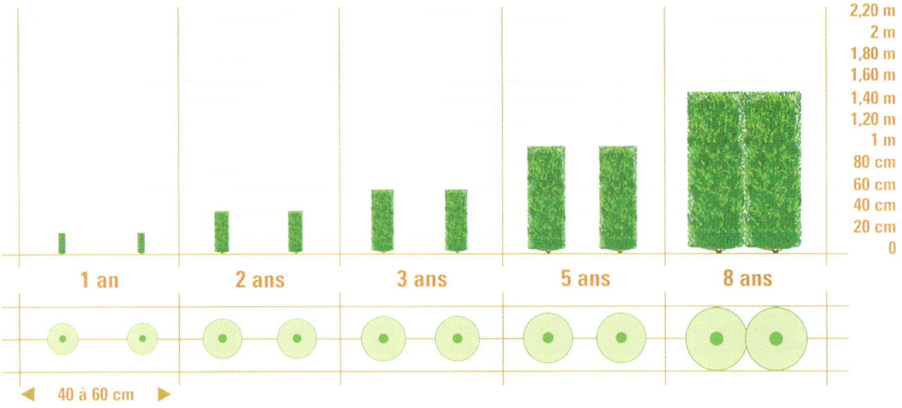

MYRTE

Fam. : Myrtacées

Thème : p. 42

CULTURE

Arbuste spontané dans les maquis et les forêts claires du littoral méditerranéen, supportant bien la taille et les périodes arides. Il supporte des températures de - 10 °C sur une courte période et en sol bien drainé. En région fraîche, on peut le cultiver en bac et le placer en serre tiède durant l'hiver.

Taille : à la cisaille ou au sécateur, au printemps.

Sol : plutôt fertile et acide, mais aussi calcaire.

Multiplication : boutures semi-aoûtées.

DESCRIPTIF

Arbuste très ramifié à port en boule. Feuilles de 5 cm de long, ovales et lancéolées. Fleurs axillaires solitaires, odorantes, blanches ou roses, à bouquet central d'étamines et à cinq pétales. Fruits ovoïdes de 8 mm de diamètre, bleu foncé.

Origine : Asie Mineure, Bassin méditerranéen.

Dimensions : de 2 à 3 m de haut.

Utilisation : haies libres ou taillées.

Variétés : 'Flore Pleno', à fleurs doubles abondantes ; 'Microphylla', à petites feuilles de 2 cm de long, lancéolées et linéaires.

Particularité : feuilles odorantes lorsqu'on les froisse.

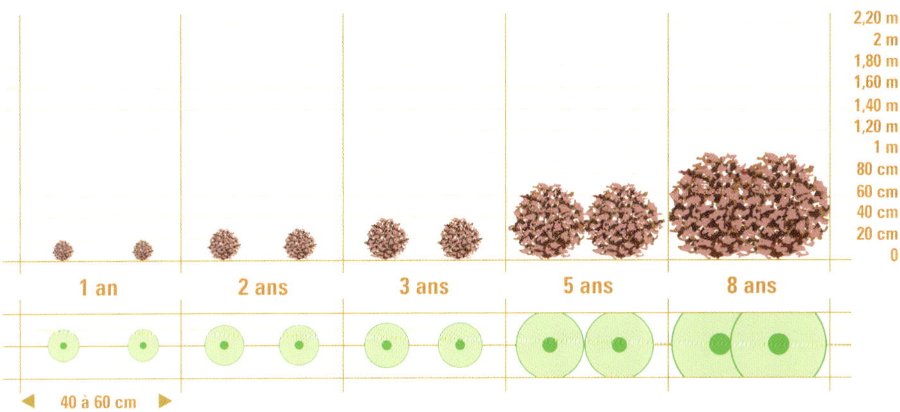

Nerium oleander

LAURIER-ROSE

Fam. : Apocunacées
Thème : p. 52

CULTURE

Arbuste de climat doux, qu'il faut sérieusement protéger ou rentrer en serre froide en hiver sous les climats frais. Il n'aime guère l'humidité atmosphérique. On doit en revanche l'arroser abondamment en été, en évitant de trop mouiller le feuillage.

Taille : coupez les branches au-dessus de la souche tous les trois ans.

Sol : même peu fertile et calcaire.

Multiplication : boutures de tête en juillet-août, sous abri.

DESCRIPTIF

Arbuste touffu à port dressé. Feuilles de 10 à 30 cm de long, lancéolées et verticillées par trois ou quatre, vert foncé à revers vert clair. Belles inflorescences terminales roses, rouges, blanches ou jaunes.

Origine : Asie.

Dimensions : de 2 à 5 m de haut et de 2 à 4 m d'étalement.

Utilisation : haies libres, brise-vent.

Variétés : nombreux cultivars se distinguant par la vigueur et par l'aspect des fleurs (simples ou doubles, couleur).

Particularité : arbuste toxique dans toutes ses parties, ingestion mortelle pour l'homme et pour le bétail.

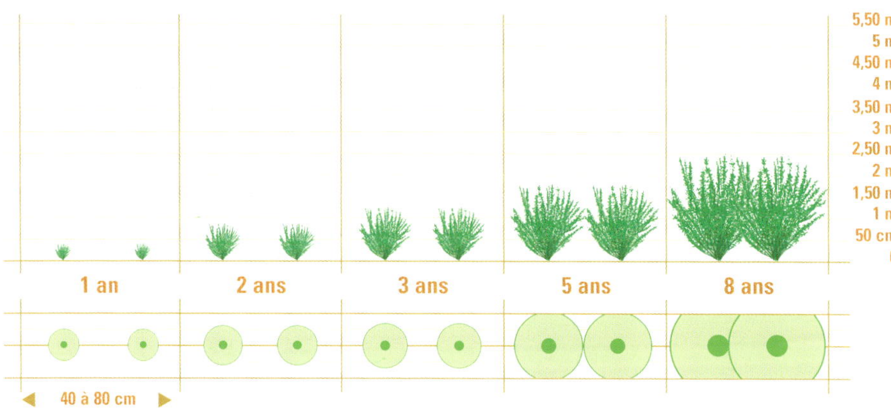

Olearia traversii

Oléaria

Fam. : Composées

Thèmes : p. 34 ; 48

Culture

Espèce bien adaptée au littoral, résistant aux embruns et aux vents forts ; elle doit être protégée ou rentrée en serre froide dans les autres régions.

Taille : à la cisaille, au début du printemps.

Sol : ordinaire, bien drainé mais pas trop sec. Tolère aussi les terrains sablonneux et secs du bord de mer.

Multiplication : boutures de rameaux semi-ligneux en septembre, sous châssis froid.

Descriptif

Arbuste à jeunes rameaux quadrangulaires recouverts d'un duvet blanc et dense. Feuilles de 5 cm de long, arrondies et coriaces, vert brillant à revers blanc et pubescent. Fleurs blanches groupées en capitules insignifiants.

Origine : Nouvelle-Zélande.

Dimensions : de 3 à 7 m de haut.

Utilisation : haies libres, brise-vent (sur le littoral).

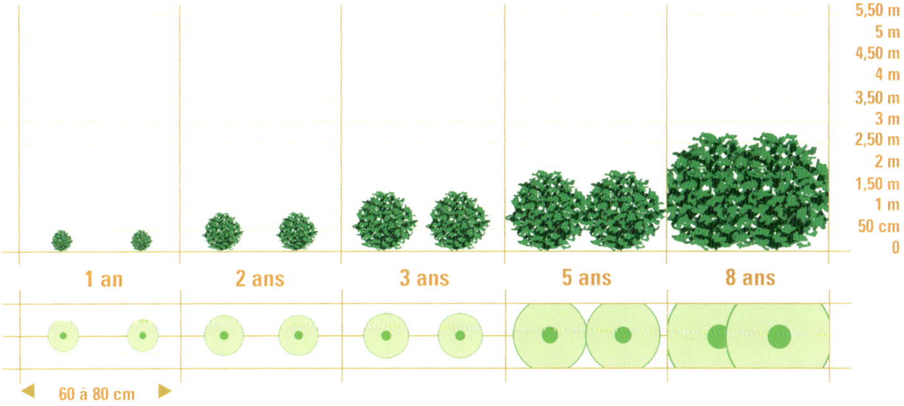

Osmanthus

Fam. : Oléacées
Thèmes : p. 32 ; 42

Osmanthus heterophyllus.

Culture

Beaux arbustes persistants faciles à cultiver, redoutant les sols trop humides. Les espèces citées sont à peu près rustiques sous un climat semi-tempéré, mais il convient de leur éviter les situations très exposées.

Taille : à la cisaille, après la floraison pour *O.* x *burkwoodii*, en hiver pour *O. heterophyllus*.

Sol : ordinaire, même calcaire.

Multiplication : boutures de tige en septembre, sur rameaux latéraux.

Descriptif

Osmanthus x burkwoodii

Arbuste formant une belle touffe, hybride de *O. decorus* et de *O. delavayi*. Feuilles de 2 à 5 cm de long, arrondies et coriaces, vert foncé luisant. Superbe floraison blanche précoce, agréablement parfumée.

Dimensions : de 1,50 à 2 m de haut et de 1 à 1,50 m d'étalement.

Utilisation : haies libres.

Particularité : fleurs très odorantes.

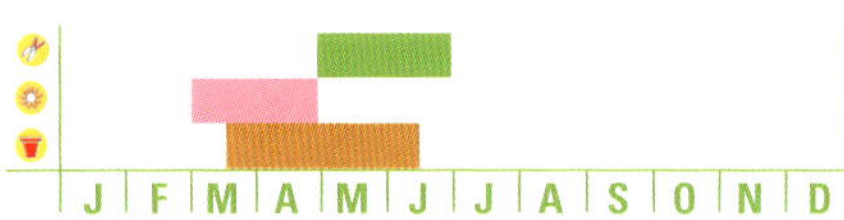

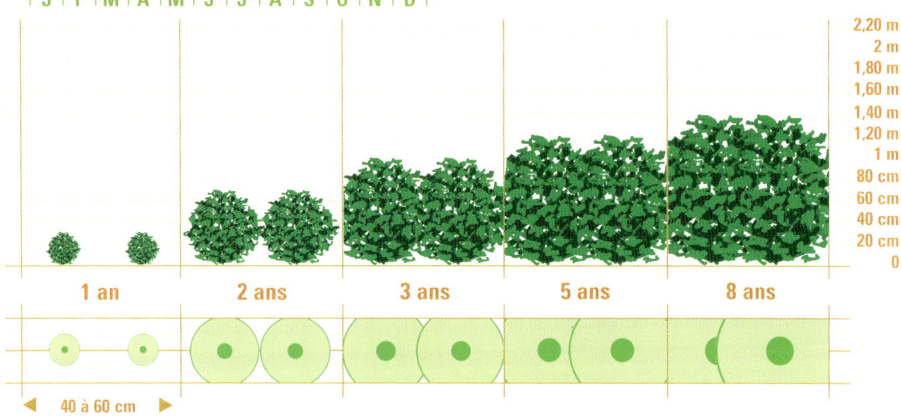

Osmanthus heterophyllus

Arbuste à port touffu et dense, le plus rustique du genre. Feuilles de 5 cm de long, ressemblant à celles du houx, oblongues, plus ou moins bordées de dents épineuses, vert foncé à revers veiné de jaune. Petites fleurs blanches très odorantes, groupées en bouquets axillaires. Fruits ovoïdes noirâtres.

Origine : Japon.

Dimensions : de 3 à 5 m de haut et de 2 à 4 m d'étalement.

Utilisation : haies libres et défensives.

Distance de plantation : de 50 à 80 cm.

Variétés : 'Aureus', à feuilles panachées ; 'Gulftide' (2 m de haut et 1,50 m d'étalement), à feuilles ovales dotées de dents triangulaires.

Osmanthus heterophyllus.

Floraison d'*Osmanthus heterophyllus.*

Perovskia atriplicifolia

Pérovskia

Fam. : Labiées
Thème : p. 48

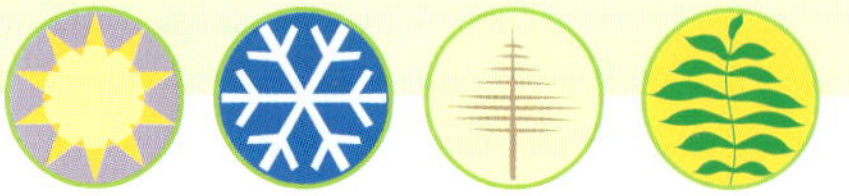

Descriptif

Arbuste suffrutescent touffu, à rameaux verdâtres recourbés au sommet, couverts d'une pubescence leur donnant un aspect farineux et formant une belle touffe dressée. Feuilles de 5 cm de long, arrondies, dentées et de couleur cendrée. Fleurs bleu lavande en panicules terminales très légères.

Origine : Asie occidentale, Himalaya, Tibet.

Dimensions : de 1 à 1,50 m de haut.

Utilisation : petites haies libres.

Variétés : 'Blue Spire', à feuilles découpées et larges panicules ; 'Superba', à floraison abondante.

Particularité : feuilles odorantes lorsqu'on les froisse.

Culture

Espèce de plein soleil, peu exigeante mais redoutant l'humidité.

Taille : rabattez les rameaux au ras du sol en hiver. Pincez les jeunes pousses pour que les tiges se tiennent mieux.

Sol : ordinaire, plutôt sec et calcaire, même pierreux et pauvre.

Multiplication : bouturage d'avril à mai.

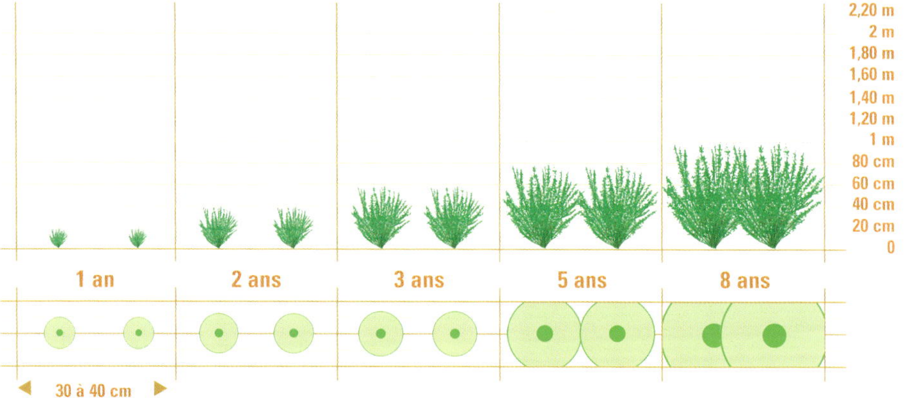

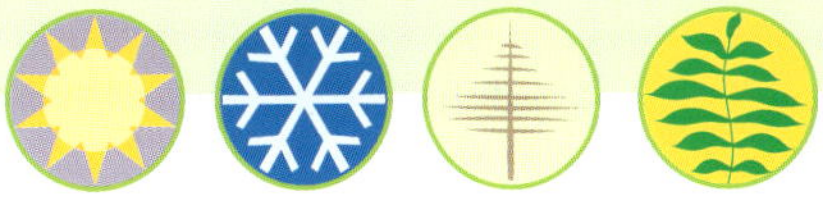

Seringat

Fam. : Saxifragacées
Thèmes : p. 30 ; 42

Culture

Arbuste de culture facile, fleurissant au soleil comme à la mi-ombre.
Taille : après la floraison.
Sol : bien drainé, acide ou calcaire.
Multiplication : division des souches, bouturage « en sec » de janvier à mars.

Descriptif

Bel arbuste très florifère, à tiges vigoureuses. Feuilles de 5 à 10 cm de long, ovales acuminées, vert foncé et à revers faiblement pubescent. Grappes terminales de cinq à neuf fleurs blanc crème, simples, puissamment odorantes. Les fruits sont des capsules coriaces.
Origine : sud-est de l'Europe, Asie Mineure.
Dimensions : de 2 à 3 m de haut.
Utilisation : haies libres, brise-vent.
Variétés : 'Minnesota Snowflake' (2 m de haut), à fleurs doubles faiblement odorantes ; 'Silberregen' (1 m de haut), à grandes fleurs blanches très odorantes, pour petites haies.
Particularité : fleurs mellifères.

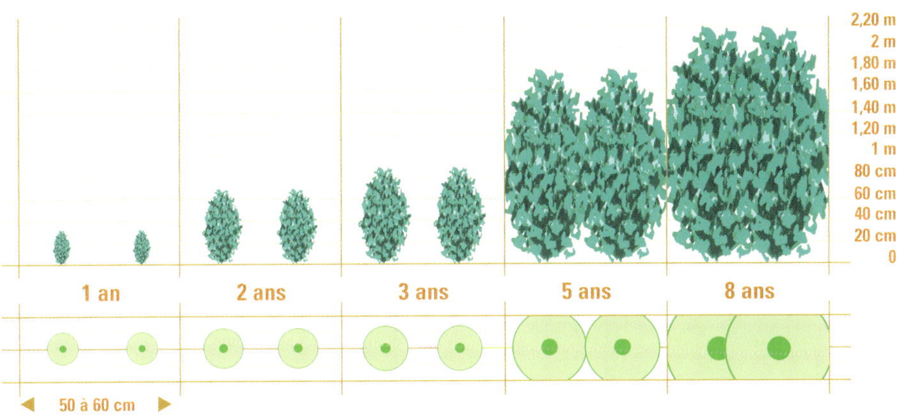

Photinia

Photinia

Fam. : Rosacées
Thème : p. 50

Culture

Arbustes persistants et très résistants, à planter en situation ensoleillée, mais supportant une ombre légère. Les deux espèces citées sont considérées comme rustiques, mais il convient de leur éviter les grands froids. Mieux vaut prendre la précaution de les protéger durant le premier hiver.

Taille : d'équilibre, au sécateur, en fin d'hiver. On peut aussi tailler durant l'été pour obtenir de jeunes pousses rouges en automne.

Sol : ordinaire, bien drainé, frais, riche en humus et même calcaire.

Multiplication : boutures semi-ligneuses presque aoûtées, sur rameaux latéraux. Piquez dans un mélange de sable, de tourbe et de terre de bruyère et faites hiverner sous châssis froid. Repiquez en pépinière deux ans.

Ci-dessus : *Photinia* x *fraseri* 'Royal Red'.

Ci-dessous : *Photinia* x *fraseri* 'Red Robin'.

Descriptif

Photinia x fraseri 'Red Robin'

Hybride de *P. glabra* et de *P. serrulata*. Arbuste à port dense et arrondi. Grandes feuilles de 10 cm de long, oblongues, à pétiole bref. L'intérêt décoratif réside surtout dans les teintes rouges puis cuivrées des jeunes feuilles, qui contrastent avec le vert brillant des plus vieilles. Fleurs blanches groupées en panicules ombelliformes.

Dimensions : de 2 à 3 m de haut.

Utilisation : haies libres.

Distance de plantation : de 50 à 60 cm.

Variétés : 'Birmingham', autre cultivar issu de *P.* x *fraseri*, se distingue de 'Red Robin' par le brun-rouge de ses jeunes feuilles.

Photinia serrulata

Grand arbuste dense à port arrondi, résistant et supportant mieux la mi-ombre que le précédent. Feuilles de 15 à 20 cm, oblongues, d'abord rouge vif, évoluant vers le vert foncé brillant. Fleurs blanches en larges panicules.

Origine : Chine, Japon.

Dimensions : de 8 à 12 m de haut.

Utilisation : haies libres.

Ci-dessus et ci-dessous : *Photinia serrulata.*

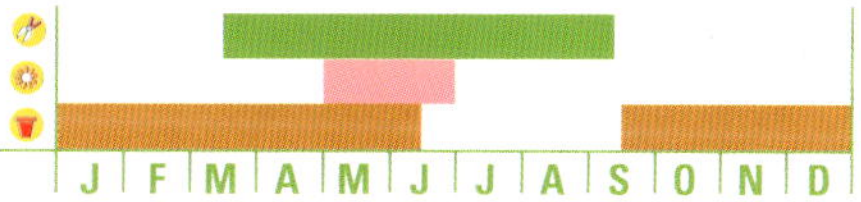

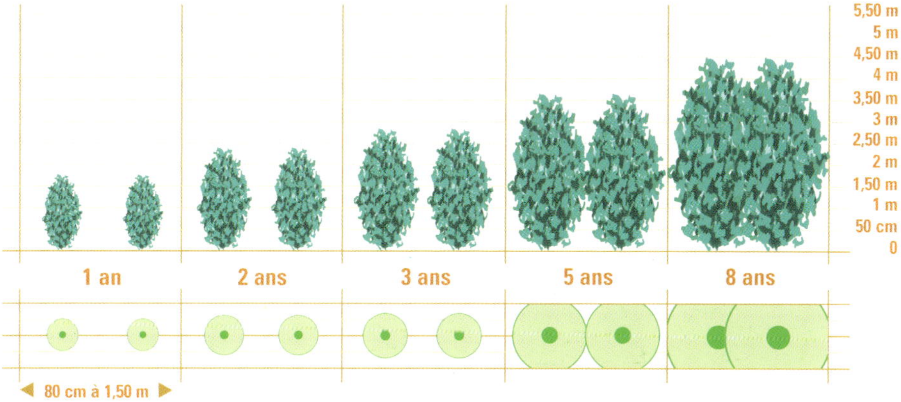

Prunus

Cerisier d'ornement

Fam. : Rosacées

Thèmes : p. 32 ; 34 ; 38 ; 40 ; 50

En haut : laurier-cerise 'Herbergii' *(Prunus laurocerasus).*

Ci-dessus : floraison du laurier-cerise *(Prunus laurocerasus).*

Prunus à feuillage persistant

Culture

Arbustes aimant le soleil mais acceptant aussi la mi-ombre. Le laurier-cerise est rustique, mais une partie des rameaux peut être endommagée en cas de grands froids (- 15 °C). Il faut alors rabattre près du sol pour favoriser la pousse de rejets sur la souche. Le laurier du Portugal est un peu moins sensible au froid.

Taille : au sécateur, à la fin de l'hiver – ou après la floraison si l'on tient à profiter des grappes blanches.

Sol : ordinaire, profond, mais non calcaire (sauf pour le laurier du Portugal, plus tolérant).

Multiplication : boutures à l'étouffée, en septembre.

Descriptif

Prunus laurocerasus

Laurier-cerise

Arbuste à port étalé. Grandes feuilles de 10 cm de long, coriaces, ovales et pointues, plus ou moins dentées, vert foncé à revers vert amande. Fleurs blanches en grappes dressées, peu spectaculaires. Les fruits sont des drupes coniques noires.

Origine : Europe orientale et méridionale, Asie Mineure.

Dimensions : de 2 à 4 m de haut et d'étalement.

Utilisation : haies taillées, brise-vent.

Distance de plantation : de 50 cm à 1 m.

Variétés : 'Caucasica', laurier palme (de 4 à 6 m de haut), à feuillage vert brillant, très recommandé pour les haies taillées ; 'Herbergii' (3 m de haut), à végétation dense et feuilles elliptiques, pour petites haies ; 'Latifolia' (7 m de haut), à grandes feuilles et rameaux puissants ; 'Otto Luyken' (2 m de haut), à port compact et évasé, pour petites haies de 80 cm de hauteur.

Prunus lusitanica

Laurier du Portugal

Arbuste à port conique et compact, à rameaux rouges. Feuilles de 10 cm de long, ovales acuminées, vert foncé brillant et à pétiole rougeâtre. Fleurs blanches en grappes cylindriques dressées. Fruits rouges puis pourpres.

Laurier du Portugal 'Myrtifolia' *(Prunus lusitanica).*

Origine : Europe méridionale et occidentale.

Dimensions : de 3 à 5 m de haut et de 2 à 4 m d'étalement.

Utilisation : haies taillées, brise-vent.

Variétés : 'Angustifolia' (4 m de haut), à végétation plus dense que le type ; 'Myrtifolia', à feuillage fin et port très conique ; 'Variegata', à feuilles marginées de blanc.

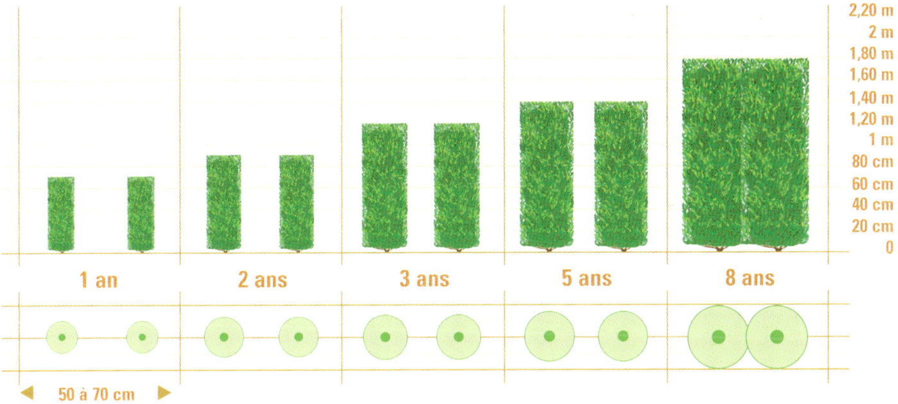

Prunus à fleurs, à feuillage caduc

Culture

Plantez les sujets en situation ensoleillée pour que le feuillage soit bien coloré *(P. x cistena)* et plus florifères.

Taille : supporte des tailles sévères, au sécateur, en hiver.

Sol : ordinaire, même calcaire.

Multiplication : bouture « en sec » à talon ou sous l'œil, de novembre à mars.

Descriptif

Prunus x cistena

Prunier à fleurs

Petit arbuste à port touffu et rameaux verticaux, hybride de *P. cerasifera* 'Artropurpurea' et de *P. pumila.* Feuilles de 5 cm de long, ovales-lancéolées, rouge clair au printemps, puis pourpre bronze tout l'été avant de prendre de belles teintes rouges et jaunes à l'automne.

Prunus x *cistena.*

Page précédente : Laurier du Portugal *(Prunus lusitanica).*

Prunier à fleurs *(Prunus* x *cistena).*

Nombreuses fleurs, d'abord rosées puis blanches, solitaires ou par paires, en même temps que les premières pousses rouge vif. Fruits noirs.

Dimensions : de 1,50 à 2 m de haut.

Utilisation : petites haies libres.

Distance de plantation : de 40 à 70 cm.

Prunus glandusola 'Rosea Plena'

Cerisier à fleurs

Arbuste buissonnant à fins rameaux brunâtres. Feuilles de 8 cm de long, oblongues-lancéolées, vert pur. Les nombreuses petites fleurs très doubles, d'abord rose vif puis s'éclaircissant un peu, s'épanouissent sur toute la longueur des rameaux avant puis en même temps que les premières feuilles. Fruits rouge foncé.

Dimensions : 1,50 m de haut et 1 m d'étalement.

Utilisation : petites haies libres.

Distance de plantation : de 40 à 70 cm.

Variété : 'Alba Plena' est proche du précédent, mais ses fleurs sont blanc pur.

Prunus glandulosa 'Rosa Plena'.

Punica granatum

Grenadier

Fam. : Punicacées
Thème : p. 44

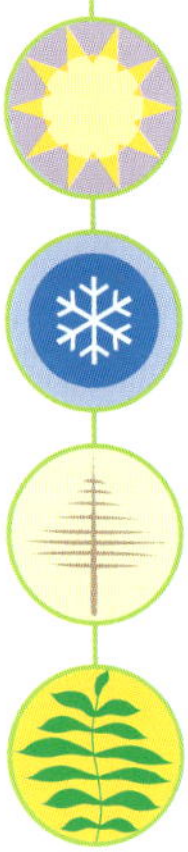

Culture

Le grenadier est rustique en climat semi-tempéré, en situation abritée, mais il est cependant prudent de le butter et de le pailler au pied, au moins la première année. Il ne fructifie que dans les régions chaudes.

Taille : sévère, en mars.

Sol : ordinaire, bien drainé et même sec et peu fertile.

Multiplication : bouturage de tiges ligneuses en février-mars.

Descriptif

Arbuste à tronc élancé, à rameaux anguleux et épineux. Feuilles de 2 à 8 cm de long, oblongues à lancéolées et vert foncé brillant. Fleurs tubuleuses et rouges, solitaires ou par deux. Le fruit est une grosse baie sphérique de 8 cm de diamètre, à graines entourées d'une pulpe.

Origine : Asie méridionale.

Dimensions : de 4 à 8 m et de 2 à 4 m d'étalement.

Utilisation : haies libres et défensives.

Variétés : 'Legrelliae', un peu plus rustique, plus petit (de 3 à 4 m de haut), moins épineux et à fleurs doubles striées de rouge et de crème ; 'Nana', cultivar nain (50 cm de haut), pour petites haies.

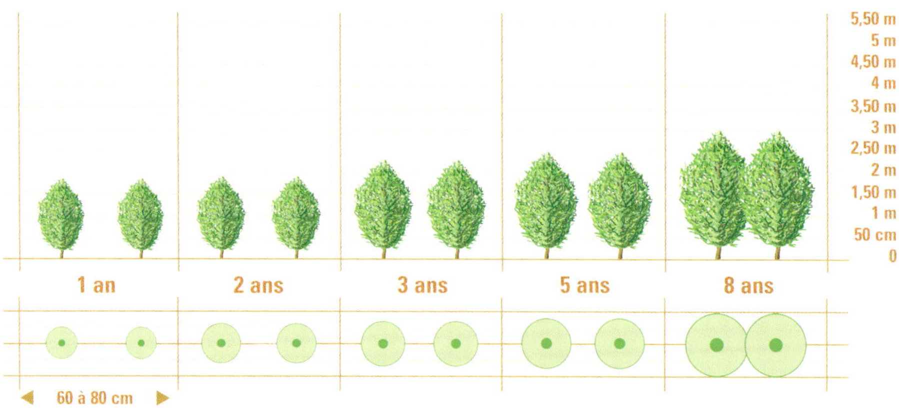

Pyracantha coccinea

Buisson ardent

Fam. : Rosacées

Thèmes : p. 32 ; 34 ; 44

Culture

Arbuste facile à cultiver, résistant à la pollution et aux parasites, à placer en situation ombragée ou mi-ombragée. L'installation est parfois difficile. L'espèce étant sensible au feu bactérien et à la tavelure, il convient de sélectionner les cultivars résistants. C'est la plus rustique du genre, mais elle peut être endommagée par les hivers très rigoureux.

Taille : au sécateur, au printemps.

Sol : de tous types, frais mais pas trop calcaire.

Multiplication : marcottage (deux ans d'enracinement), bouturage à talon et sous châssis en été.

Origine : Bassin méditerranéen.

Dimensions : de 4 à 5 m de haut et de 3 à 4 m d'étalement.

Utilisation : haies défensives libres ou taillées.

Variétés : 'Dart's Red'® (3 m de haut), à fruits rouge orangé et bien rustique ; 'Mozart' (2 m de haut), à fruits écarlates ; 'Orange Glow' (4 m de haut), à fruits rouge orangé ; 'Saphir® Orange', à nombreux petits fruits orangés ; 'Saphyr® Rouge', à nombreux gros fruits rouge carmin.

Particularité : les fruits sont appréciés des oiseaux.

Descriptif

Arbuste persistant touffu à rameaux épineux. Feuilles de 4 à 7 cm de long, ovales, lancéolées, finement dentées, vert foncé. Abondantes petites fleurs blanches réunies en corymbes pendants. Fruits globuleux rouges, en grappes, persistants jusqu'en hiver.

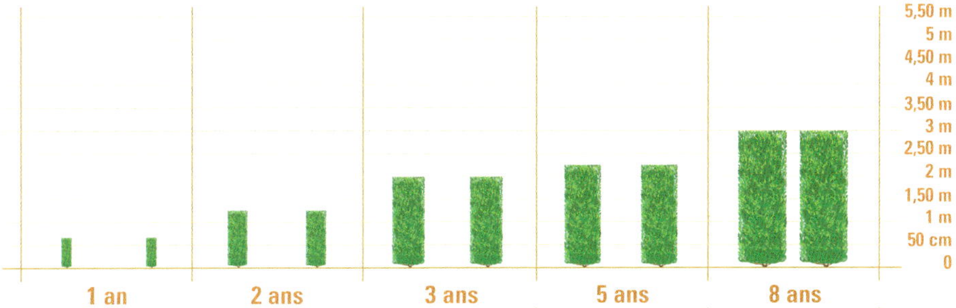

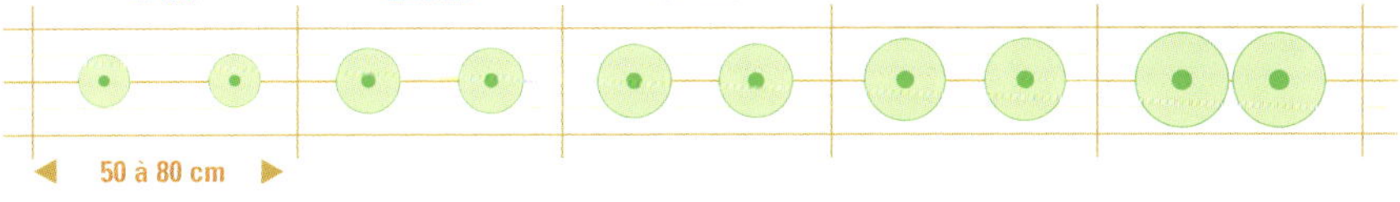

Nerprun

Fam. : Rhamnacées
Thème : p. 32

Culture

Arbustes pour climat doux. Paillez ou buttez le pied des arbustes récemment installés. Les diverses espèces supportent bien la chaleur et la sécheresse en zone méditerranéenne.

Taille : au sécateur ou à la cisaille, après la floraison pour les persistants ; au printemps pour les espèces à feuillage caduc.

Sol : ordinaire et bien drainé, même peu fertile et calcaire.

Multiplication : semis en mai ; boutures ligneuses à l'automne.

Nerpruns à feuillage persistant

Descriptif

Rhamnus alaternus

Alaterne

Arbuste vigoureux, rustique sous climat doux, notamment en bord de mer, à port buissonnant compact et rameaux dressés. Feuilles de 5 cm de long, ovales-lancéolées, coriaces et vert clair. Fleurs abondantes jaune-vert, dressées pour les femelles, pendantes pour les mâles. Les fruits sont des drupes noires.

Origine : Bassin méditerranéen.

Dimensions : de 2 à 5 m de haut.

Utilisation : haies libres ou taillées, brise-vent.

Distance de plantation : de 50 à 70 cm.

Variétés : 'Argenteovariegatus', petit cultivar à feuilles marginées de blanc crème, moins rustique que le type.

Particularité : le bois fraîchement coupé répand une odeur désagréable.

Ci-contre et ci-dessous :
Rhamnus alaternus.

Rhamnus catharticus

Nerprun purgatif

Arbre à écorce claire et rameaux lignifiés se terminant par une pointe. Feuilles de 5 cm de long, entières, ovales et denticulées, vert mat à revers plus

Nerprun purgatif *(Rhamnus catharticus)*.

clair tranchant avec le gris clair des rameaux. Petites fleurs vert clair en grappes. Fruits ovoïdes bleu-noir.
Origine : Europe, Asie septentrionale et occidentale.
Dimensions : de 3 à 5 m de haut.
Utilisation : haies libres ou taillées, brise-vent.
Distance de plantation : de 60 à 80 cm.
Particularité : les baies servent à la fabrication du sirop de Nerprun (purgatif).

Bourdaine *(Rhamnus frangula)*.

Nerprun à feuillage caduc

Descriptif

Rhamnus frangula
Syn. : *Frangula alnus*
Bourdaine
Arbrisseau touffu à rameaux violacés lenticelles. Feuilles de 6 cm de long, arrondies, à bords lisses et vert lustré. Fleurs blanches peu visibles, regroupées à l'aisselle des feuilles. Les fruits sont d'abord rouges puis noirs.
Origine : Europe, Afrique du Nord.
Dimensions : de 3 à 5 m de haut.
Utilisation : haies libres ou taillées, brise-vent.
Particularité : fruits toxiques.

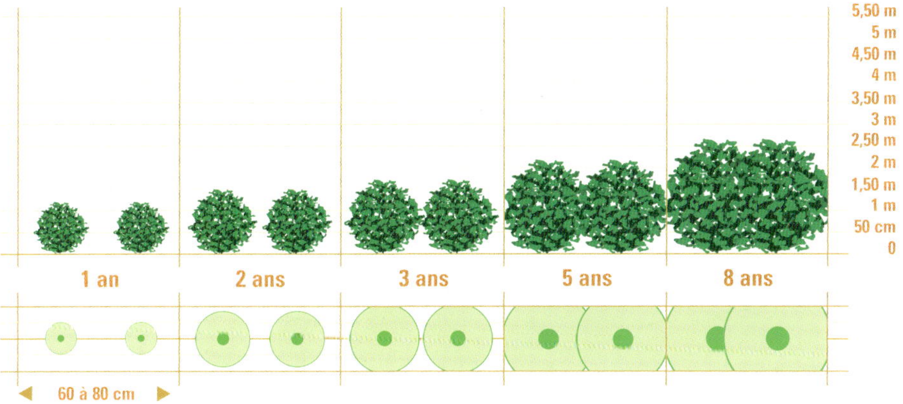

Rhus typhina

Sumac de Virginie

Fam. : Anacardiacées
Thème : p. 46

Culture

Espèce facile à cultiver, à croissance plus soutenue en situation ensoleillée.

Taille : au sécateur, en hiver.

Sol : ordinaire, même peu fertile et sableux.

Multiplication : semis, séparation des drageons, boutures de racines en février.

Descriptif

Arbuste à cime étalée, à branches tortueuses et brunes et à jeunes rameaux pubescents. Grandes feuilles de 40 à 50 cm de long, pennées, composées de sept à treize paires de folioles oblongues-lancéolées, dentées, vert foncé, puis rouge orangé à l'automne. Les inflorescences femelles sont des panicules terminales dressées rouge amarante, très décoratives.

Origine : États-Unis.

Dimensions : de 3 à 6 m de haut.

Utilisation : haies libres.

Variété : 'Dissecta', à folioles très découpées.

Particularité : espèce mellifère et résistante aux parasites ; sève vénéneuse.

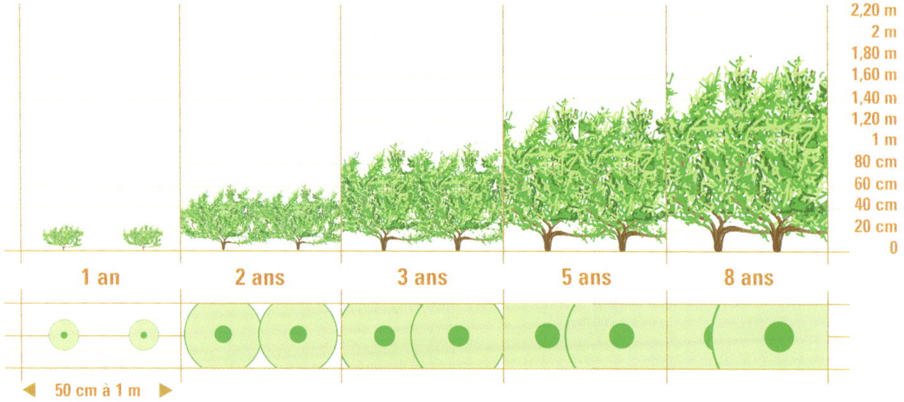

Ribes sanguineum

GROSEILLIER SANGUIN

Fam. : Saxifragacées
Thèmes : p. 30 ; 54

DESCRIPTIF

Arbuste à feuillage caduc, à port raide, à faible ramification et à jeunes rameaux pubescents. Feuilles de 8 cm de long, dentées, comprenant de trois à cinq lobes, à face inférieure pubescente et vert foncé. Abondantes petites fleurs d'abord rosées, puis rouge vif, en grappes pendantes. Fruits bleu foncé.

Origine : États-Unis.

Dimensions : de 1,50 à 2,50 m de haut.

Utilisation : haies libres.

Variétés : 'Atrorubens', à fleurs rouge vif ; 'Brocklebankii', à feuilles jaunes ; 'King Edward VII' (2 m de haut et d'étalement), à port érigé et touffu et à fleurs rouges, pour haies libres ; 'Pulborough Scarlet Variegated', à fleurs rouges à centre blanc.

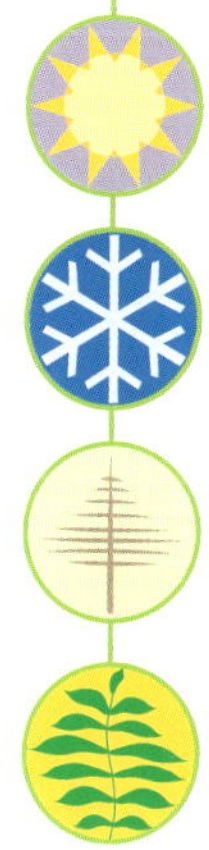

CULTURE

Cet arbuste supporte la mi-ombre, mais la floraison y est moins généreuse qu'en plein soleil. En sol humide, cette espèce est plus sensible aux gelées.

Taille : au sécateur, après la floraison. En rabattant chaque année la moitié des branches à 5 cm de leur origine, on favorise une floraison plus généreuse.

Sol : ordinaire, plutôt frais et humifère.

Multiplication : boutures herbacées ou ligneuses, avant les gelées.

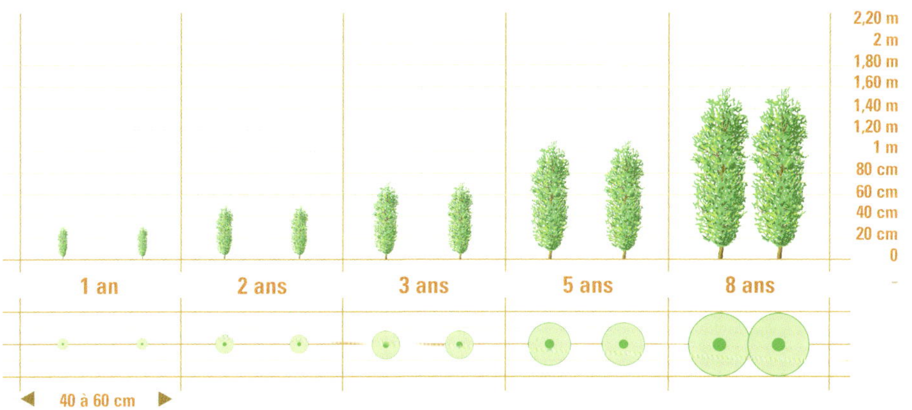

Rosa rugosa

Rosier rugueux

Fam. : Rosacées

Thème : p. 52

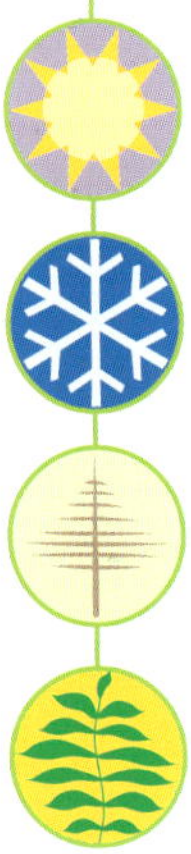

Culture

Rosier rustique, supportant bien l'atmosphère urbaine, pouvant tolérer un peu d'ombre.

Taille : suppression des branches âgées, au sécateur, à Noël ou en mars. Ne supprimez pas les fleurs fanées si vous souhaitez profiter des fruits.

Sol : bien drainé et siliceux, même légèrement calcaire. Apportez du terreau à la plantation.

Multiplication : semis en octobre ou en novembre. Boutures de tiges en septembre, sur rameaux latéraux.

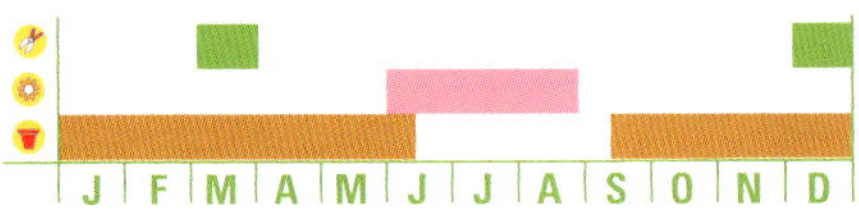

Descriptif

Arbuste vigoureux à port érigé et à rameaux robustes garnis d'aiguillons. Feuilles de 4 à 5 cm de long, plissées, composées de cinq à neuf folioles allongées, à face supérieure rugueuse, vert foncé brillant, puis dorée à l'automne. Grandes fleurs simples et parfumées, blanc-rose ou pourpres. Beaux fruits globuleux rouges, persistants (cynorhodons).

Origine : Chine, Corée, Japon.

Dimensions : de 1,50 à 2 m de haut et 1,50 m d'étalement.

Utilisation : haies libres et défensives.

Variétés : 'Alba', à fleurs blanches ; 'Rubra', rosier du Japon, à grandes fleurs rouge-pourpre et à fruits d'abord orangés, puis rouges.

Particularité : résistant aux parasites.

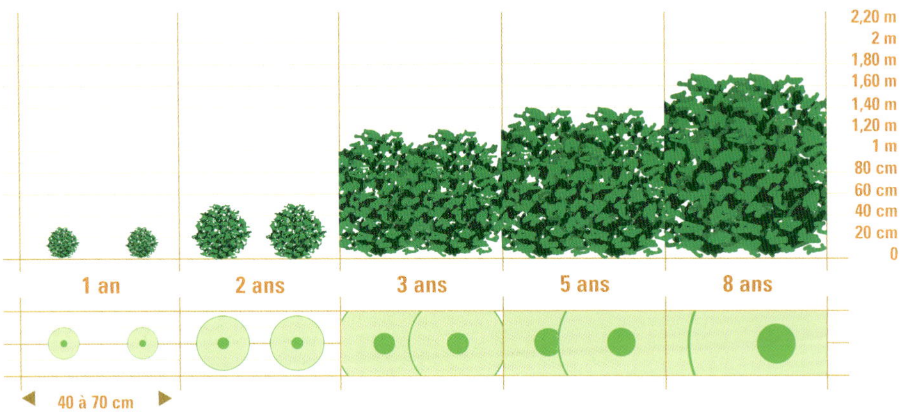

Rosmarinus officinalis

Romarin

Fam. : Labiacées

Thèmes : p. 32 ; 48

Culture

Arbuste méditerranéen assez rustique, à planter en situation chaude, ensoleillée et abritée dans les régions un peu fraîches – mais passant généralement les hivers, mêmes rudes. Protégez les jeunes plantes le premier hiver.

Taille : légère, après la floraison.

Sol : ordinaire, plutôt sec, calcaire et bien drainé.

Multiplication : boutures de tête en été.

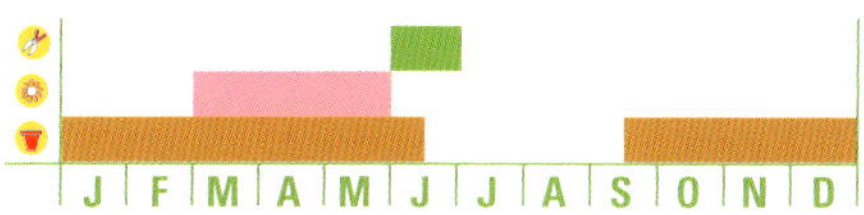

Descriptif

Arbuste buissonnant à port étalé et à rameaux très feuillus. Feuilles de 3 à 5 cm de long, sessiles, linéaires et pointues, vert foncé brillant, à revers pubescent et blanc argenté. Fleurs bleu pâle.

Origine : Bassin méditerranéen, Asie Mineure.

Dimensions : de 80 cm à 1,50 m de haut et de 1 à 1,20 m d'étalement.

Utilisation : haies libres ou taillées, séparations basses, bordures.

Variétés : les cultivars sont un peu moins rustiques que le type et surtout adaptés au bord de mer : 'Corsican Blue', à port évasé et fleurs bleu pur ; 'Majorca Pink', à fleurs mauves ; 'Severn Sea', à fleurs bleu brillant.

Particularité : feuilles aromatiques ; espèce odorante et mellifère.

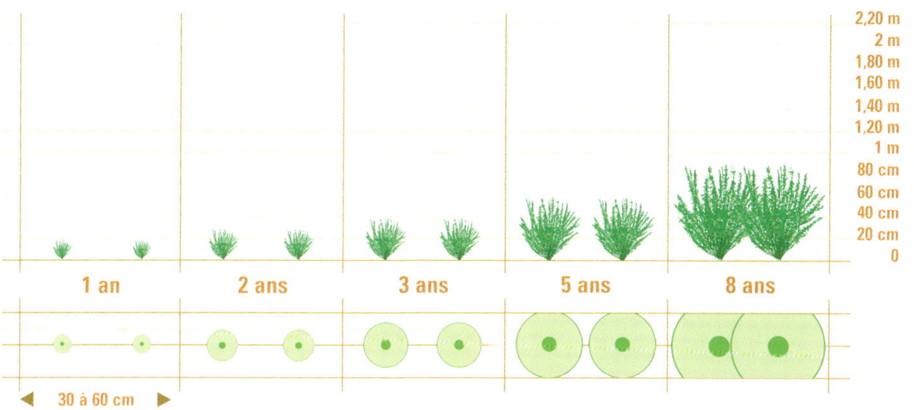

Salix

Saule

Fam. : Salicacées
Thèmes : p. 30 ; 32 ; 36

Culture

Espèces bien adaptées aux terrains humides ; toutefois, certaines, comme le saule marsault, prospèrent en sol assez sec.
Taille : sévère, après la floraison.
Sol : plutôt humide et humifère.
Multiplication : boutures de tiges, à la fin de l'hiver, en évitant les extrémités des rameaux.

Descriptif

Salix caprea

Saule marsault

Grand arbuste à port compact et à rameaux dressés jaune-brun, d'abord pubescents, puis glabres. Feuilles de 9 cm de long, arrondies, elliptiques et légèrement rugueuses, vert foncé, à revers gris. Espèce dioïque : les chatons mâles, jaunes et arrondis, et les chatons femelles, couverts d'un duvet argenté, apparaissent sur des pieds distincts.
Origine : Europe.
Dimensions : de 6 à 10 m de haut et de 3 à 4 m d'étalement.
Utilisation : haies libres, brise-vent.
Distance de plantation : 1 m.
Variété : 'Kilmarnock', de taille plus réduite que le type (3 m de haut et 1 m d'étalement) et à port pleureur.
Particularité : espèce mellifère.

Ci-dessus : saule marsault *(Salix caprea)*.

Ci-dessous : saule marsault 'Kilmarnock' *(Salix caprea)*.

Salix rosmarinifolia

Arbuste buissonnant à rameaux érigés rouge-brun. Feuilles de 5 à 7 cm de long, linéaires, vert foncé à revers argenté, évoquant celles du romarin. Chatons argentés.

Origine : Europe, Asie septentrionale.

Dimensions : de 1 à 2 m de haut et de 1,20 à 1,50 m d'étalement.

Utilisation : haies libres, brise-vent.

Particularité : résistant aux parasites.

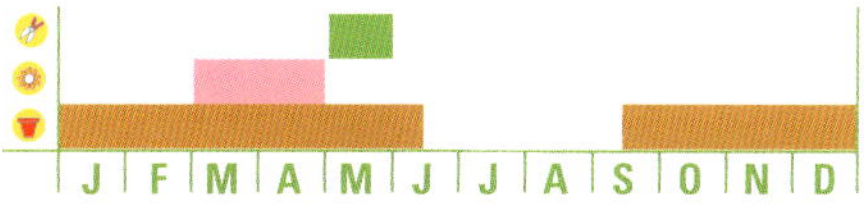

Salix rosmarinifolia.

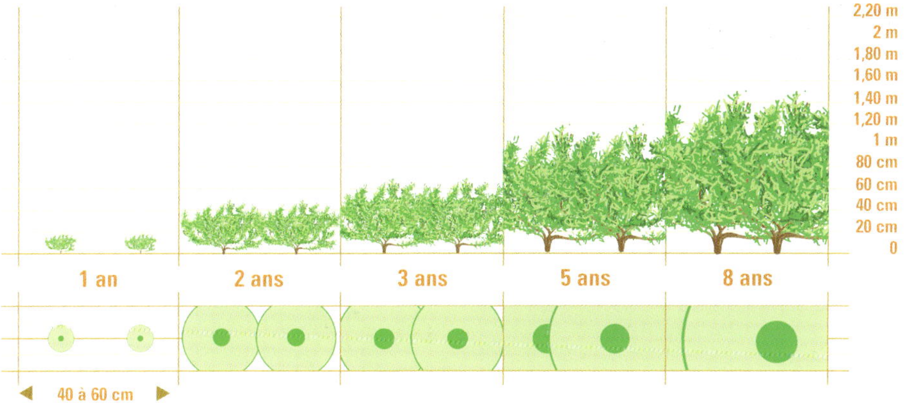

Sambucus

SUREAU

Fam. : Caprifoliacées
Thèmes : p. 32 ; 44

CULTURE

Facile, même à mi-ombre, sauf pour les variétés colorées. Arbustes et arbres rustiques, rejetant du pied et acceptant les rabattages très sévères.

Taille : sévère, en hiver.

Sol : profond, fertile, frais et plutôt calcaire.

Multiplication : bouturage de rameaux latéraux ligneux en été (très facile).

Particularité : pucerons noirs sur les jeunes pousses.

DESCRIPTIF

Sambucus canadensis 'Maxima'

Sureau du Canada

Arbuste touffu à beaux rameaux érigés. Grandes feuilles lisses composées de cinq à sept folioles de 10 à 13 cm de long, lancéolées, dentées et vert pur. Inflorescence en gros corymbes blanchâtres de 40 cm de diamètre. Fruits ovoïdes noirs.

Origine : Amérique du Nord.

Dimensions : de 3 à 4 m de haut et d'étalement.

Utilisation : haies libres ou taillées.

Distance de plantation : de 60 cm à 1 m.

Particularité : résistant aux parasites.

Sureau noir *(Sambucus nigra)*.

Sambucus nigra

Sureau noir

Arbuste vigoureux et buissonnant à port arrondi, à écorce verte et à rameaux creux contenant une moelle blanche. Feuilles de 25 cm de diamètre, vertes, composées de cinq ou sept folioles ovales et dentées. Petites fleurs blanches parfumées, en corymbes de 20 cm de diamètre. Fruits rouges, puis noirs.

Origine : Afrique du Nord, Europe.

Dimensions : de 4 à 5 m de haut et de 3 à 4 m d'étalement.

Utilisation : haies libres ou taillées.

Distance de plantation : de 60 cm à 1 m.

Variétés : 'Aurea', à feuillage doré, jaune-vert, puis jaune pur à l'automne ; 'Aureomarginata' (2 m de haut et 1,50 m d'étalement), à port touffu et folioles vertes marginées de jaune.

Particularité : fruits très appréciés des oiseaux, utilisés dans la préparation de confitures et de sirops.

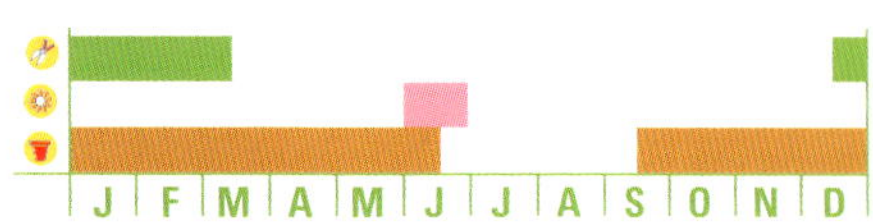

Sureau du Canada
(Sambucus canadensis 'Maxima'*)*.

Sureau à grappes *(Sambucus racemosa)*.

Sambucus racemosa

Sureau à grappes

Arbuste à écorce rougeâtre et moelle orangée. Feuilles de 20 cm de long, vertes composées de cinq à sept folioles. Fleurs en panicules blanc crème. Baies rouges et sucrées.

Origine : Europe, Asie occidentale.

Dimensions : de 4 à 5 m de haut et de 2 à 3 m d'étalement.

Utilisation : haies libres.

Variété : 'Sutherland Gold' (2 m de haut et 1,50 m d'étalement), à feuillage brun puis jaune.

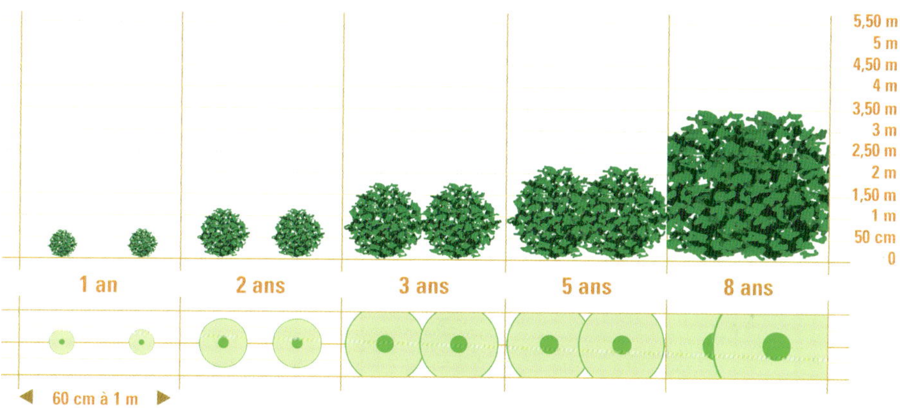

Spartium junceum

Genêt d'Espagne

Famille : Légumineuses
Thème : p. 32

Culture

Genêt de climat chaud, bien adapté à l'atmosphère marine. Protégez le pied par une litière de feuilles dans les régions fraîches.

Taille : rabattez éventuellement les tiges en fin d'hiver pour éviter que la base ne se dégarnisse.

Sol : chaud, siliceux, sec et même rocailleux.

Multiplication : facile, par semis.

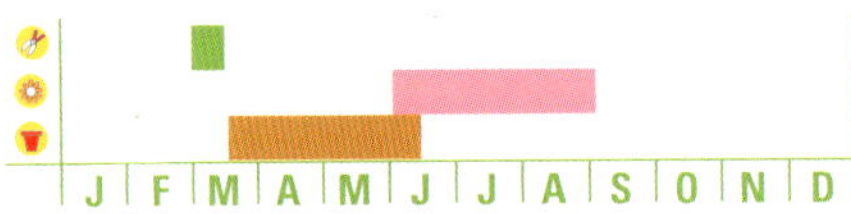

Descriptif

Bel arbuste florifère, à port érigé et à tiges arrondies, souples, lisses et vertes, rappelant les joncs. Petites feuilles de 1 cm de long, linéaires, vert foncé et très espacées. Nombreuses fleurs dorées en longues grappes papilionacées terminales, dégageant un agréable parfum d'amande. Les fruits sont des gousses, noires à maturité.

Origine : Bassin méditerranéen.

Dimensions : de 2 à 4 m de haut et de 2 à 3 m d'étalement.

Utilisation : haies libres.

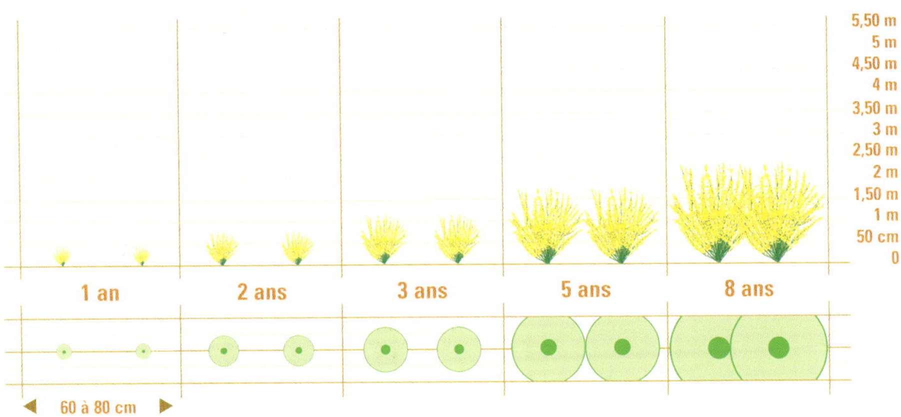

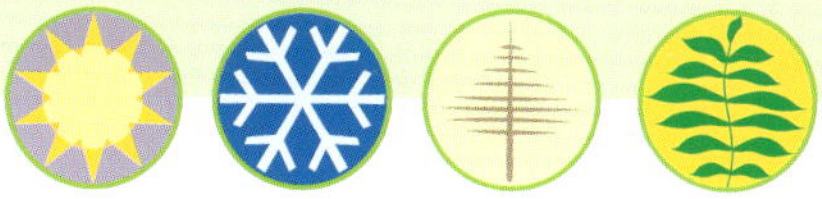

Spirée

Fam. : Rosacées

Thèmes : p. 30 ; 36 ; 38 ; 46

Culture

Ces arbustes tolèrent un peu d'ombre, mais s'y montrent moins florifères. Supprimez les fleurs fanées.

Taille : assez sévère, après la floraison, en éliminant les vieilles pousses.

Sol : profond, frais, humifère et pas trop calcaire.

Multiplication : boutures de tête au printemps.

Descriptif

Spiraea x *arguta*

Arbuste à port arrondi et à nombreux rameaux fins et arqués, hybride de *S. thunbergii* et de *S. multiflora.* Feuilles de 3 à 4 cm de long, oblongues et dentées, vertes puis jaunes à l'automne. Nombreuses fleurs blanches groupées en bouquets sur le vieux bois.

Dimensions : de 1,20 à 2 m de haut et de 80 cm à 1,50 m d'étalement.

Utilisation : haies libres.

Distance de plantation : de 40 à 60 cm.

Particularité : résistant aux parasites.

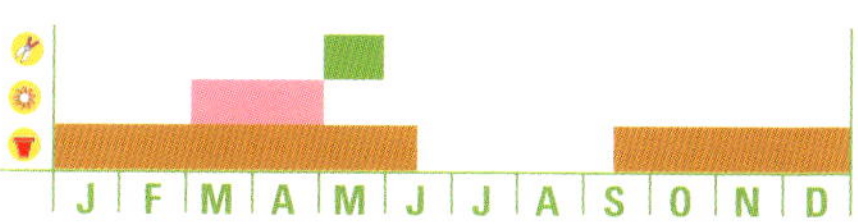

Ci-contre et en médaillon : *Spiraea* x *arguta.*

Spiraea aruncus

Syn. : *Aruncus dioicus*

Spirée barbe de bouc

Vivace à base ligneuse de sous-bois humide, préférant les sols frais. Feuilles composées, à folioles lancéolées et oblongues. Nombreuses fleurs blanchâtres en panicules formant un joli panache.

Origine : Europe.

Dimensions : de 1 à 1,50 m de haut et de 70 cm à 1 m d'étalement.

Utilisation : haies libres.

Distance de plantation : de 40 à 60 cm.

Particularité : les panicules sont très décoratives en bouquets.

Spiraea x *billiardii*

Espèce à floraison estivale intéressante. Arbuste à rameaux bruns et à port touffu et dressé, tolérant les sols calcaires, résistant aux parasites et supportant la pollution urbaine ; hybride de *S. douglasii* et de *S. salicifolia*. Feuilles de 4 à 7 cm de long, oblongues-lancéolées et dentées, vert foncé à revers gris. Petites fleurs rose vif, en épi.

Dimensions : de 1,70 à 2 m de haut.

Utilisation : haies libres.

Variété : 'Triumphans', à floraison rose pourpre un peu plus tardive que chez l'espèce type.

Spiraea nipponica

Arbuste à port dressé, formant un buisson dense, à floraison printanière généreuse. Feuilles de 4 cm de long, oblongues, vert foncé. Fleurs blanches en petits bouquets sur le vieux bois. Espèce supportant la pollution urbaine.

Origine : Japon.

Spirée barbe de bouc *(Spiraea aruncus)*.

Spiraea x *billiardii*.

Spiraea nipponica 'Snowmound'.

Dimensions : de 1,50 à 2,50 m de haut.
Utilisation : haies libres.
Distance de plantation : de 40 à 60 cm.
Variété : 'Snowmound' (1 m de haut et d'étalement), à touffe épaisse, à feuilles ovales vertes, puis dorées à l'automne, et à fleurs blanches.

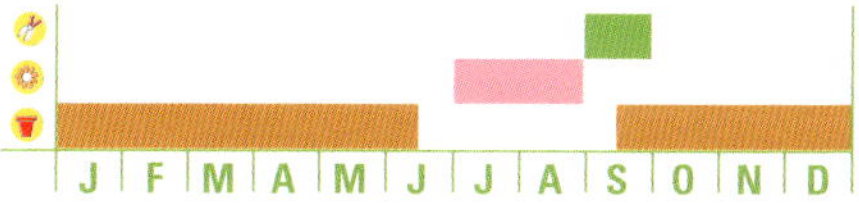

Spiraea nipponica.

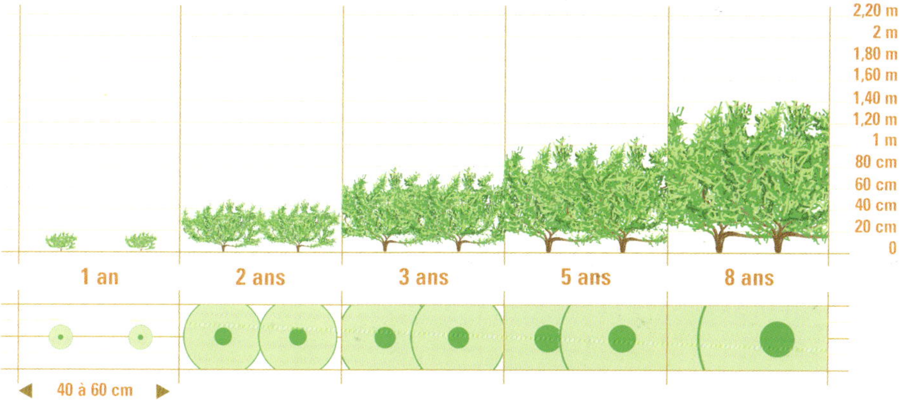

Spiraea x *vanhouttei*

Arbuste à port érigé, dont les branches s'étalent gracieusement à leur extrémité. Hybride de *S. cantoniensis* et de *S. trilobata*. Feuilles de 3 à 6 cm de long, ovales et irrégulièrement dentées, vert foncé puis jaunes à l'automne. Nombreuses petites fleurs blanches en ombelles serrées, le long des rameaux. Espèce adaptée aux terrains secs et aux zones urbaines, tolérant un peu de calcaire.

Dimensions : de 1,50 à 2,50 m de haut et de 1,50 à 2 m d'étalement.

Utilisation : haies libres.

Distance de plantation : de 40 à 60 cm.

Variété : 'Pink Ice', à port compact et feuilles largement tachées de blanc.

Spiraea x *vanhouttei*.

SYMPHORINE

Fam. : Caprifoliacées
Thème : p. 30

Symphoricarpos albus 'White Hedge'.

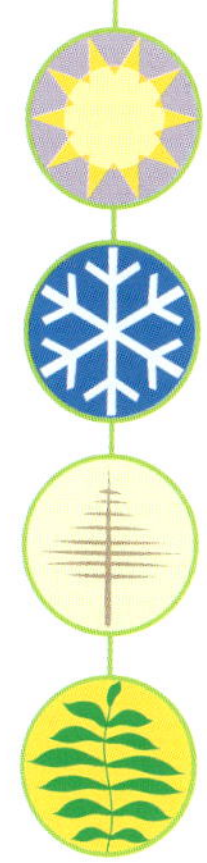

CULTURE

Arbustes drageonnants, aptes à fixer des terrains en pente. Faciles à cultiver, ils préfèrent les expositions ensoleillées, mais supportent la mi-ombre.

Taille : au sécateur ou à la cisaille, en fin d'hiver.

Sol : ordinaire, plutôt frais, même humide.

Multiplication : boutures ligneuses en novembre-décembre, sur rameaux latéraux ; séparation de drageons.

Particularité : les fruits sont appréciés du gibier, mais toxiques pour l'homme.

DESCRIPTIF

Symphoricarpos albus

Arbuste buissonnant, très rustique, intéressant pour sa jolie fructification. Feuilles de 3 à 5 cm

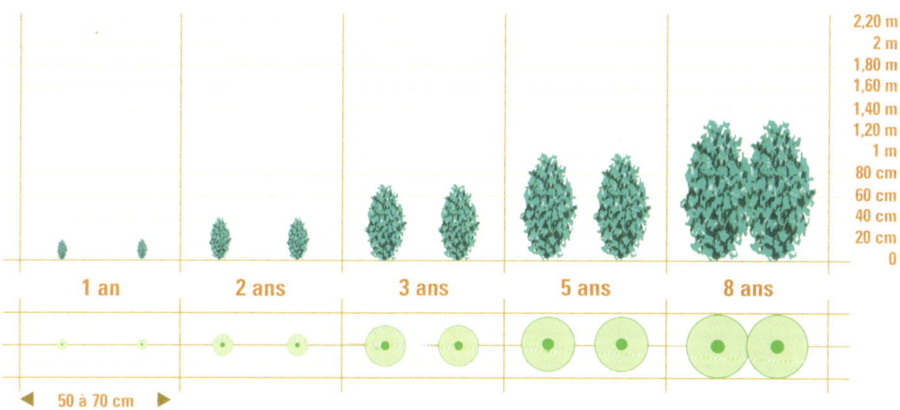

de long, arrondies, entières ou quelque peu lobées, vert foncé à revers glauque. Petites fleurs rosées, en glomérules terminaux. Fruits de 1 cm de diamètre, ovoïdes blancs, très visibles et décoratifs, en petits groupes et persistant longtemps en hiver.
Origine : Alaska.
Dimensions : de 1,50 à 2 m de haut et 2 m d'étalement.
Utilisation : haies libres.
Variété : 'White Hedge' (1,50 m de haut et d'étalement), à port érigé, feuilles vert foncé et à fruits blanc pur, intéressant en haies libres.
Particularité : espèce mellifère.

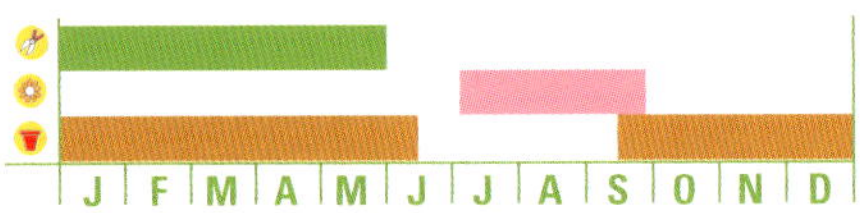

Symphoricarpos x *chenaulti*

Arbuste à port touffu et évasé, à belle fructification, hybride de *S. microphyllus* et de *S. orbiculatus*. Rameaux pubescents ; feuilles de 2 cm de long, ovales, vert foncé à revers glauque, puis jaunes à l'automne. Fleurs roses en épis terminaux. Nombreux fruits blanc rosé, persistants en hiver. Espèce tolérant la pollution urbaine et acceptant une taille sévère.

Symphoricarpos x *chenaulti*.

Dimensions : de 1,50 à 2 m de haut et d'étalement.
Utilisation : haies libres et taillées.
Distance de plantation : de 50 à 70 cm.
Variété : 'Hancock' (50 cm de haut et 1,50 m d'étalement), à port très étalé et feuilles vert foncé puis jaunes à l'automne, pour haies basses.

Symphoricarpos x *doorenbosii*

Arbuste buissonnant vigoureux, à rameaux fins, hybride de *S. albus* var. *laevigatus* et de *S. chenaultii*. Feuilles de 4 cm de diamètre, ovales, vert foncé. Fleurs en clochettes roses,

Symphoricarpos x *doorenbosii*.

Symphoricarpos x *doorenbosii.*

Symphoricarpos orbiculatus.

groupées en glomérules le long des rameaux. Baies sphériques blanches à deux taches rouges. Espèce supportant la pollution urbaine.
Distance de plantation : de 50 à 70 cm.
Dimensions : de 1,50 à 2 m de haut.
Utilisation : haies libres ou taillées.

Variétés : 'Erect', à port élancé et fruits rose vif ; 'Magic Berry' (1 m de haut et d'étalement), à port souple et fruits rose vif, puis plus clair ; 'Mother of Pearl', à port compact et gros fruits blanc rosé ; 'White Hedge', à port dressé et végétation dense, pour haie compacte.

Symphoricarpos orbiculatus

Groseillier des Indiens

Arbuste introduit au XVIIIe siècle. Feuilles arrondies, vert foncé à revers pubescent, puis rouges à l'automne. Fleurs rouges veinées de jaune, disposées en faisceaux à l'aisselle des feuilles. Les nombreux fruits sont des baies pourpres, persistantes tout l'hiver.
Origine : Amérique du Nord.
Dimensions : de 1,50 à 2 m de haut.
Utilisation : haies libres ou taillées.
Distance de plantation : de 50 à 70 cm.
Variété : 'Variegatus', à feuilles marginées de jaune.

Syringa

Lilas

Fam. : Oléacées
Thèmes : p. 42 ; 52

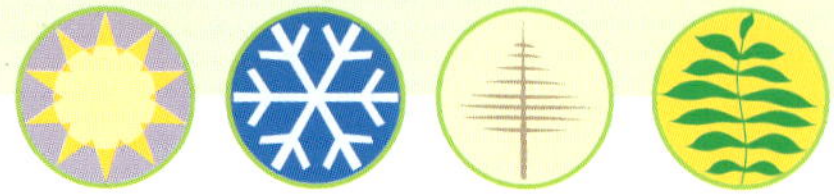

Culture

Espèces faciles à cultiver, plus florifères en situation ensoleillée, rejetant fortement du pied.

Taille : supprimez les fleurs fanées et les drageons. Après quelques années, on peut rabattre sévèrement les sujets ayant tendance à se dégarnir de la base (recépage).

Sol : ordinaire, bien drainé, même calcaire.

Multiplication : bouturage de tête en juin, sur rameaux semi-aoûtés, avec hormones et à l'étouffée (difficile). Greffage à l'anglaise, à la fin du printemps.

Descriptif

Syringa microphylla

Arbuste en touffe compacte, à rameaux pubescents. Feuilles de 4 cm de long, fines et circulaires, vert foncé à revers plus clair. Nombreuses petites fleurs purpurines formant des thyrses (grappes) denses et brefs.

Origine : Chine.

Dimensions : 1 m de haut et d'étalement.

Utilisation : haies libres ou taillées.

Distance de plantation : 40 cm.

Variété : 'Superba' (de 1,50 à 2 m de haut et 1,50 m d'étalement), à rameaux fins, boutons rouges et fleurs rosées s'éclaircissant.

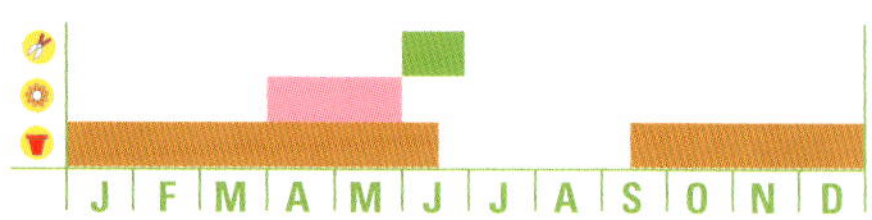

Syringa microphylla.

Ci-dessus et ci-contre : lilas commun *(Syringa vulgaris).*

Syringa vulgaris

Lilas commun

Arbuste introduit de Turquie au XVIe siècle. Espèce drageonnante, à port dressé et rameaux lisses. Feuilles de 10 cm de long, ovales cordiformes, vert clair et à fines nervures. Fleurs lilas ou blanches, agréablement odorantes, en thyrses compacts et dressés.

Origine : Europe méridionale et orientale.
Dimensions : de 5 à 7 m de haut et de 3 à 4 m d'étalement.
Utilisation : haies libres, écrans, brise-vent.
Variétés : les cultivars se distinguent par leur vigueur, la nuance de leur feuillage et la couleur de leurs feuilles. 'Charles X', à fleurs simples rouge lilacé ; 'Madame Lemoine', à fleurs blanches et doubles ; 'Maréchal Foch', à fleurs simples rose carminé ; 'Président Grévy', à fleurs doubles bleu cobalt ; 'Souvenir de Louis Spaeth', à grandes inflorescences pourprées et fleurs simples.

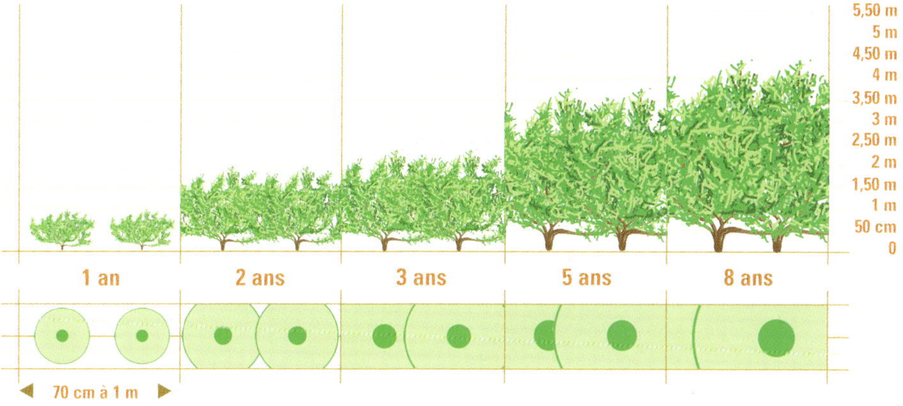

Tamarix

Tamaris

Fam. : Tamaricacées
Thème : p. 52

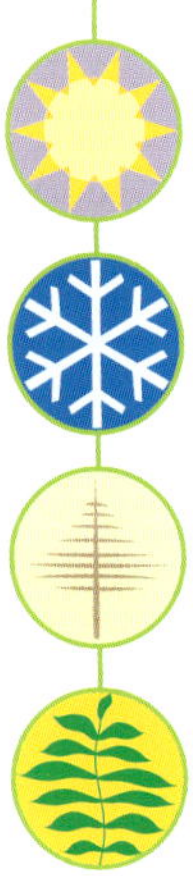

Culture

Arbustes rustiques, mais donnant de meilleurs résultats en bord de mer – ils supportent parfaitement le vent, le sel et les embruns.

Taille : après la floraison pour les espèces fleurissant au printemps *(T. tetandra)*, en rabattant les rameaux florifères aux trois quarts de leur longueur, et en fin d'hiver pour celles qui fleurissent en été *(T. ramosissima)*.

Sol : ordinaire, bien drainé, même sableux ou pierreux, mais pas trop calcaire.

Multiplication : boutures de tige en mars.

Descriptif

Tamarix tetrandra

Arbuste touffu à écorce pourpre foncé à noir et rameaux retombants à l'extrémité. Feuilles très fines, comme des écailles, vert pur. Nombreuses fleurs rose vif en petites grappes, sur le vieux bois.

Origine : Asie Mineure, sud-est de l'Europe.

Tamarix ramosissima.

Dimensions : de 3 à 5 m de haut et de 2,50 à 3 m d'étalement.

Utilisation : haies libres, brise-vent.

Particularité : résistant aux parasites.

Tamarix ramosissima

Arbuste à ramure légère. Feuilles très fines, comme des écailles, vert glauque. Fleurs rose clair, en grappes allongées et denses, formant

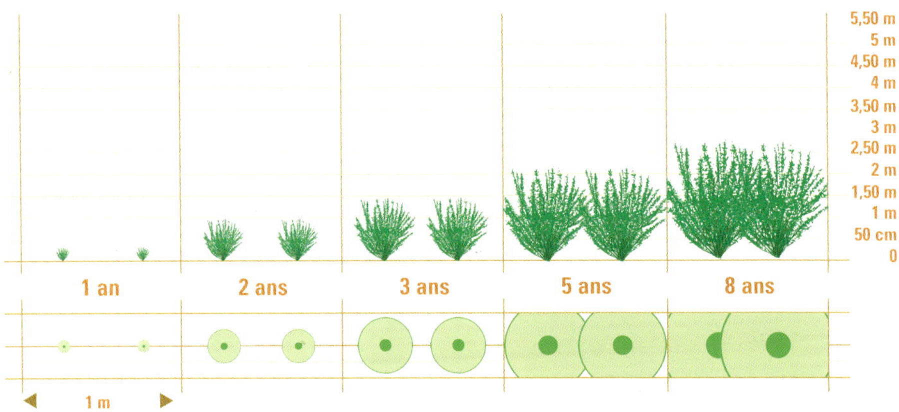

de longues panicules dans la partie terminale des rameaux.

Origine : Asie orientale à Europe orientale.

Dimensions : de 3 à 6 m de haut et de 2 à 3,50 m d'étalement.

Utilisation : haies libres, brise-vent.

Distance de plantation : 1 m.

Variétés : 'Pink Cascade', à grandes fleurs rose vif ; 'Rubra', originaire de la mer Caspienne, à feuillage bleuté puis doré à l'automne.

Particularité : espèce mellifère.

Ci-dessous : *Tamarix tetrandra.*

Taxus baccata

IF COMMUN

Fam. : Taxacées
Thèmes : p. 32 ; 34 ; 38

CULTURE

Espèce facile à cultiver, supportant les expositions ensoleillées comme l'ombre intense des grands arbres.

Taille : très bien supportée ; à la cisaille, au printemps ou en fin d'été.

Sol : ordinaire, même sec et calcaire.

Multiplication : semis en février, boutures à talon en août.

DESCRIPTIF

Arbre à port érigé, d'abord columnaire, puis de plus en plus étalé, et à écorce brun-rouge. Feuilles de 2 à 4 cm de long, linéaires, vert foncé à revers plus pâle. L'espèce étant dioïque, les inflorescences mâles, en chatons, et femelles, en ovule discret, sont portées par des pieds distincts. Graines entourées d'une arille rouge.

Origine : Europe, Afrique du Nord, Asie Mineure.

Dimensions : de 15 à 20 m de haut et 10 m d'étalement.

Utilisation : haies libres ou taillées, sculpture végétale (topiaires), brise-vent.

Variétés : 'Dovastonii Aurea' (2,50 m de large et 2 m d'étalement), à port évasé et feuilles marginées de doré ; 'Fastigiata' (5 m de haut et 1,50 m d'étalement), if d'Irlande, à port columnaire étroit ; 'Semperaurea', à port compact et divergent ; 'Westerstede' (2,50 m de haut et 1,50 m d'étalement), à port régulier.

Particularité : plante toxique (l'ingestion des graines est mortelle).

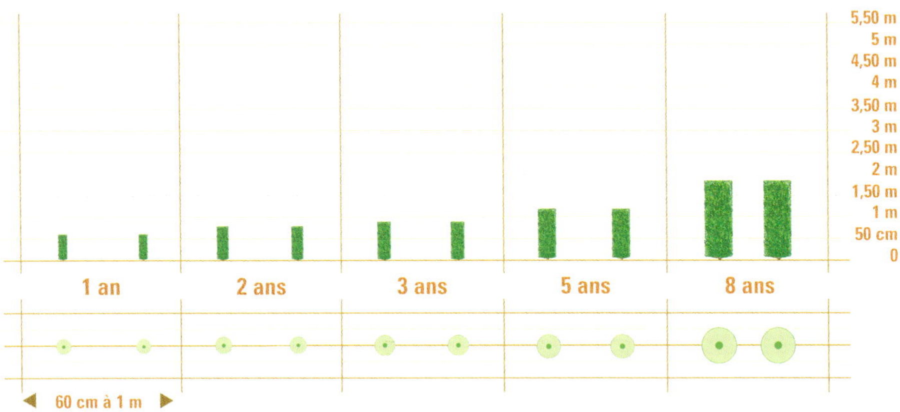

Thuja

Thuya

Fam. : Cupressacées
Thèmes : p. 32 ; 34

Ci-dessus et ci-dessous : thuya du Canada *(Thuja occidentalis).*

Culture

Espèces supportant la mi-ombre, sensibles aux conditions sèches et – pour certaines espèces – aux basses températures.
Taille : pour limiter la hauteur, au printemps.
Sol : frais et bien drainé, peu calcaire.
Multiplication : boutures de tête en août-septembre.

Descriptif

Thuja occidentalis

Thuya du Canada
Arbre rustique, compact, à port conique et écorce brun-rouge. Feuilles fines, vertes à revers jaunâtre. Teintes automnales bronzées. Cône composé de quatre à cinq paires d'écailles, dépourvu de pointe.
Origine : Amérique du Nord.
Dimensions : de 12 à 20 m de haut et 3 m d'étalement.
Utilisation : haies libres ou taillées, brise-vent, écrans.

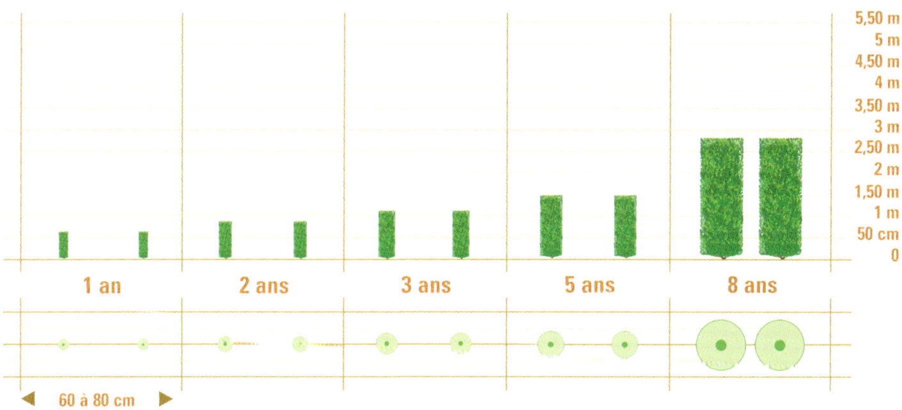

Variétés : 'Danica', à port en boule, pour haies basses ; 'Europa Gold', à feuillage doré ; 'Rheingold', à port conique élargi et feuillage cuivré en hiver.

Thuja orientalis

Thuya de Chine

Arbre à port conique très ramifié. Feuilles squamiformes vert clair. Gros cône érigé.

Origine : Chine, Corée, Japon.

Dimensions : de 5 à 10 m de haut ; 2 m en haie.

Utilisation : haies taillées, brise-vent, écrans.

Distance de plantation : de 60 à 80 cm.

Variétés : 'Magnifica' (4 m de haut et 1 m d'étalement), à port conique élargi et feuillage doré ; 'Pyramidalis Aurea' (de 3 à 5 m de haut et 1 m d'étalement), à port presque columnaire et feuillage brun-rouge en hiver.

Thuya de Chine 'Magnifica' *(Thuja orientalis)*.

Thuja plicata 'Atrovirens'.

Thuja plicata 'Atrovirens'

Arbre rustique à port conique, à branches érigées et écorce brun-rouge. Feuilles aplaties, vert foncé à revers plus ou moins blanchâtre. Cône ovoïde (1,2 cm de long), à cinq ou six paires d'écailles.

Dimensions : 20 m de haut ; de 2 à 3 m en haie.

Utilisation : haies libres ou taillées, brise-vent, écrans.

Distance de plantation : de 60 à 80 cm.

Variétés : parmi les autres cultivars de *T. plicata,* on peut citer 'Dura', à port conique élargi et étoffé ; 'Excelsea' (2 m de haut en haie), à port conique élargi ; 'Zebrina' (2 m de haut en haie), à port conique et feuilles vertes panachées de jaune.

VIORNE

Fam. : Caprifoliacées
Thèmes : p. 34 ; 36 ; 42 ; 54

CULTURE

Espèces robustes et faciles à cultiver, supportant la mi-ombre.

Époque de plantation : de l'automne au printemps pour les viornes à feuillage caduc ; au printemps pour les espèces persistantes.

Taille : après la floraison, en général légère, pour nettoyer et équilibrer la plante.

Sol : ordinaire et sain, en général pas trop calcaire.

Multiplication : boutures de tête en fin d'été, sur rameaux latéraux, avec hormones d'enracinement et sous abri froid.

Viornes à feuillage caduc

DESCRIPTIF

Viburnum x bodnantense

Arbuste à port érigé. Feuilles allongées à nervures marquées, d'abord cuivrées puis vert foncé. Grandes fleurs agréablement parfumées, d'abord roses puis évoluant vers le blanc.

Dimensions : 3 m de haut et 2 m d'étalement.

Utilisation : haies libres, écrans, brise-vent.

Distance de plantation : de 60 à 80 cm.

Variétés : 'Charles Lamont' (2 m de haut et 1 m d'étalement), à rameaux brun-rouge, feuillage rougissant à l'automne et fleurs odorantes ; 'Dawn' (2 m de haut et 1 m d'étalement), à feuillage rougissant à l'automne et fleurs odorantes.

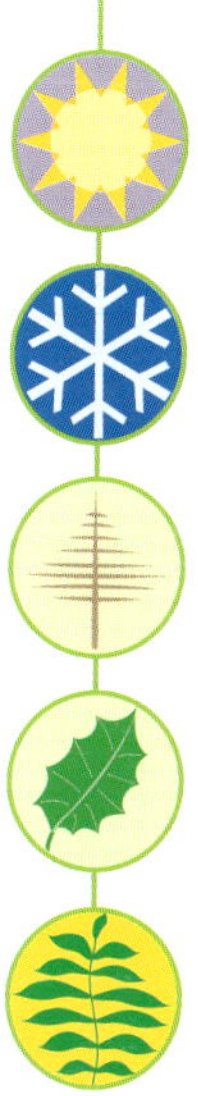

Viburnum opulus

Viorne obier

Arbuste à port arrondi, écorce grise et jeunes rameaux tortueux. Feuilles de 10 cm de long, à trois à cinq lobes dentés, vert franc à revers duveteux, puis rouge-pourpre à l'automne. Fleurs blanches regroupées en corymbes aplatis. Les fruits sont des baies rouge vif.

Origine : Europe.

Dimensions : de 3 à 5 m de haut.

Utilisation : haies libres, écrans, brise-vent.

Viburnum x *bodnantense.*

Viorne obier 'Compactum' *(Viburnum opulus).*

Ci-dessus et ci-dessous : viorne obier *(Viburnum opulus).*

Variétés : 'Compactum' (1 m de haut et d'étalement) à port arrondi et fruits rouge-orangé, pour haies basses ; 'Roseum', diffusé sous le nom de boule de neige (de 3 à 4 m de haut et d'étalement), à grosses boules de fleurs blanches.

Particularité : fruits vénéneux.

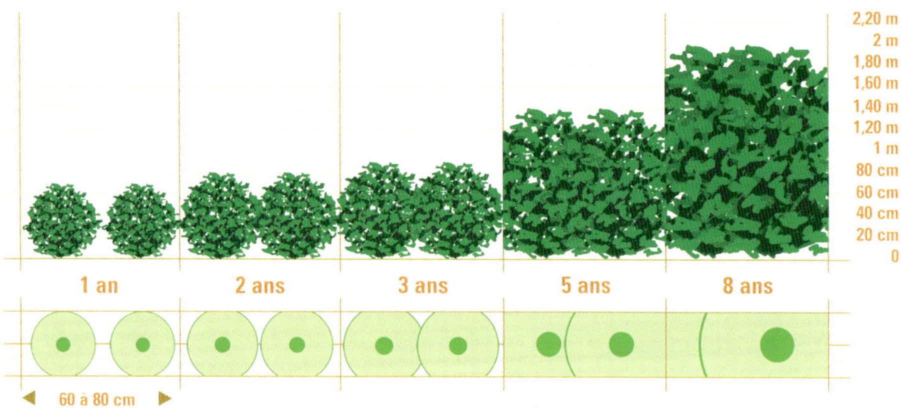

Ci-dessus et ci-contre : boule de neige du Japon 'Lanarth' *(Viburnum plicatum)*.

Viburnum plicatum

Boule de neige du Japon

Arbuste à branches secondaires horizontales et à jeunes rameaux tomenteux. Feuilles (de 7 à 10 cm de long) ovales, arrondies à la base, à nervures marquées, vert foncé évoluant vers le violet à l'automne. Fleurs blanches en cymes sphériques.

Origine : Asie.

Dimensions : de 2 à 3 m de haut.

Utilisation : haies libres, écrans, brise-vent.

Distance de plantation : de 60 à 80 cm.

Variétés : 'Lanarth' (1,50 m de haut et 2,50 m d'étalement), à floraison blanc crème ; 'Pink Beauty' (2 m de haut et d'étalement), à fleurs d'abord blanches, puis roses.

Viburnum sargentii

Arbuste à port buissonnant et dressé, à écorce brun-fauve. Grandes feuilles de 5 à 10 cm de long, trilobées, vert foncé à revers pubescent, prenant des teintes bronzées puis rougeâtres à l'automne. Fleurs blanches en ombelles aplaties. Fruits rouges persistants.

Origine : Asie du Nord-Est.

Dimensions : de 3,50 à 4,50 m de haut et d'étalement.

Utilisation : haies libres, écrans, brise-vent.

Viburnum sargentii.

Distance de plantation : de 60 à 80 cm.

Variété : 'Onondaga', à grandes feuilles d'abord pourpres, puis vertes.

Viornes à feuillage persistant

Descriptif

Viburnum x burkwoodii

Arbuste souple, hybride de *V. carlesii* et de *V. macrocephalum,* préférant l'ombre légère sous les climats très ensoleillés. Feuilles de 6 à 8 cm de long, ovales et allongées, vert foncé brillant à revers grisâtre. Fleurs blanc rosé odorantes, en cymes terminales.

Viburnum x *burkwoodii.*

Dimensions : 2 m de haut et d'étalement.
Utilisation : haies libres, écrans, brise-vent.
Distance de plantation : de 60 à 80 cm.
Particularité : sous climat froid, le feuillage n'est que semi-persistant.

Viburnum rhytidophyllum

Arbuste à port érigé et jeunes rameaux duveteux. Feuilles de 15 cm de long, plissées, arrondies et pointues au sommet, vert foncé à revers pubescent. Fleurs blanc crème en cymes terminales assez larges. Fruits rouges, puis noirs en automne.
Origine : Chine.
Dimensions : 4 m de haut et d'étalement.
Utilisation : haies libres, écrans, brise-vent.
Distance de plantation : de 60 à 80 cm.

Viburnum tinus

Laurier-tin
Arbuste buissonnant à port arrondi, intéressant pour sa robustesse et sa floraison hivernale. Feuilles de 7 à 10 cm de long, lancéolées, coriaces et trifoliées, vert foncé. Petites fleurs roses en bouton, puis blanches, en cymes aplaties et arrondies, d'une dizaine de centimètres de diamètre. Baies bleutées.

Viburnum rhytidophyllum.

Origine : Europe méridionale et Afrique septentrionale.
Dimensions : de 3 à 4 m de haut et d'étalement.
Utilisation : haies libres, écrans, brise-vent.
Distance de plantation : de 60 cm à 1 m.
Variété : 'Eve Price', à port compact et arrondi, pour petites haies.

Ci-dessus et ci-contre : laurier-tin *(Viburnum tinus).*

Vitex agnus-castus

GATTILIER COMMUN, ARBRE AU POIVRE

Fam. : Caprifoliacées
Syn. : Agneau chaste, arbre au poivre
Thème : p. 42

CULTURE

Espèce rustique dans le Midi, bien adapté au bord de mer. Dans les régions plus fraîches, il demande une situation bien abritée et chaude. Si l'hiver endommage les rameaux, le sujet repart en général vigoureusement du pied au printemps.

Taille : sévère, à la fin de l'hiver.

Sol : ordinaire, bien drainé et même sec – mais la vigueur est plus grande et la floraison plus belle avec des arrosages réguliers.

Multiplication : semis à l'automne, boutures de jeunes tiges d'août à septembre.

DESCRIPTIF

Arbuste aromatique que l'on peut mener en petit arbre ou en cépée buissonnante, à écorce grisâtre et rameaux grêles, tomenteux lorsqu'ils sont jeunes. Petites feuilles palmées, composées de cinq à sept folioles de 7 à 10 cm de long, lancéolées étroites, parfois légèrement dentées, gris-vert à revers blanc et pubescent, dégageant une odeur de poivre. Fleurs odorantes, violettes ou bleues, en verticilles. Les fruits sont des drupes noir rougeâtre.

Origine : Europe méridionale et Afrique septentrionale.

Dimensions : de 1 à 3 m de haut et 1,50 m d'étalement.

Utilisation : haies libres, brise-vent, écrans.

Variété : 'Latifolia' (de 2 à 3 m de haut et 2 m d'étalement), à port touffu et fleurs odorantes lilas violet, un peu plus rustique que le type.

Particularité : plante mellifère. Les graines étaient réputées anaphrodisiaque, d'où son nom d'agneau chaste.

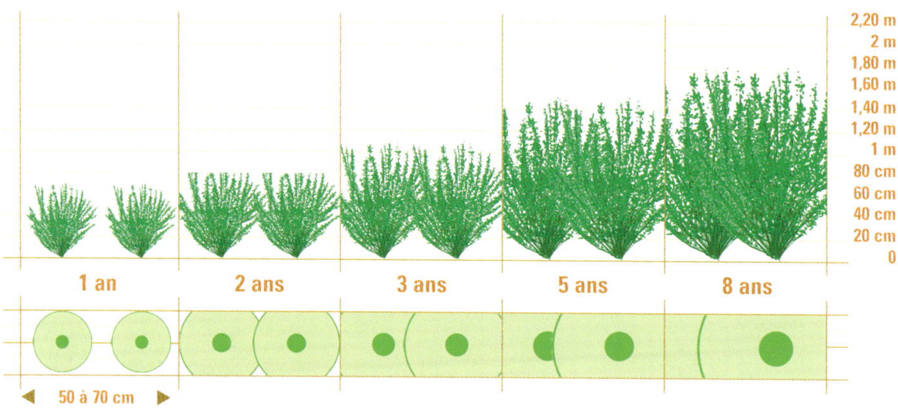

Weigela florida

WEIGELA

Fam. : Caprifoliacées
Thèmes : p. 30 ; 46 ; 50

Dimensions : de 1,50 à 2 m de haut et d'étalement.

Utilisation : haies libres.

Variétés : 'Bristol Ruby' (de 2 à 3 m de haut), qui se distingue par sa vigueur et ses grandes fleurs cramoisies ; 'Eva Rathke' (1,50 m de haut), à port très compact, indiqué pour les haies basses, à fleurs carmin ; 'Nana Variegata' (1,50 m de haut et d'étalement), à port touffu et feuilles marginées de blanc-jaune, pour haies basses ; 'Purpurea' (1 m de haut), très compact, à fleurs rose foncé.

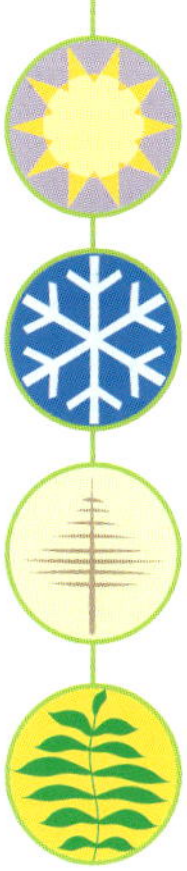

CULTURE

Le weigela donne une floraison plus abondante quand il est en plein soleil, mais plus durable quand il est installé à mi-ombre. Cet arbuste solide est sensible au gel dans les sols trop humides.

Taille : de nettoyage, après la floraison ; supprimez les plus vieilles branches et rabattez les rameaux florifères.

Sol : frais, humifère et pas trop calcaire.

Multiplication : boutures semi-aoûtées en août-septembre, avec hormones d'enracinement, à l'étouffée et sous abri.

DESCRIPTIF

Arbuste à port dressé et rameaux pubescents gracieusement étalés. Feuilles de 7 à 10 cm de long, allongées, vertes et glabres, à revers tomenteux. Fleurs solitaires rose pâle.

Origine : Chine.

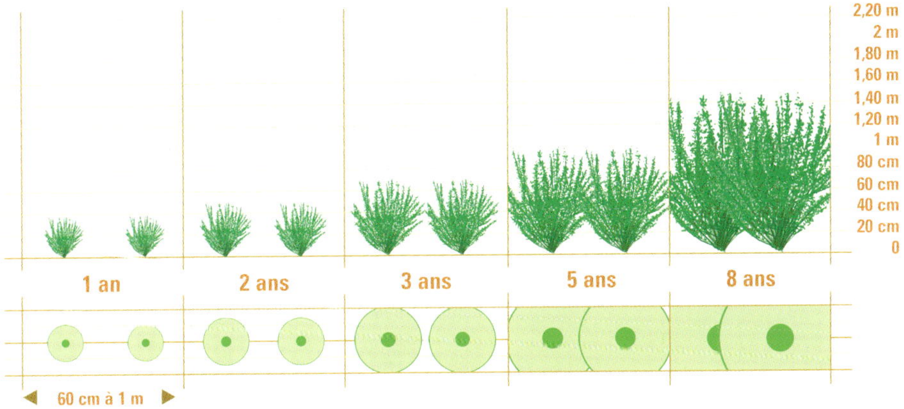

Glossaire

A

Acidophile Qui préfère les sols à caractère acide (telles les plantes de terre de bruyère).
Acuminé À sommet se rétrécissant rapidement et finissant en pointe.
Aigu Terminé en pointe.
Aile Partie latérale de la fleur des Papilionacées.
Aisselle Angle que forme la feuille avec la tige, ou le rameau avec la branche principale, et où peuvent se former un bourgeon ou des fleurs, dites alors « axillaires ». Pour couper à l'aisselle d'une branche, il faut donc tailler assez près du bourgeon, en évitant de laisser un morceau de tige trop long.
Alterne Qualifie un organe inséré solitairement sur un axe.
Anthère Petite poche contenant le pollen, située à l'extrémité de l'étamine.
Arille Tégument charnu de la graine.
Axillaire Partant de l'aisselle.

B

Bifide Fendu en deux.
Bipenné Se dit d'une feuille deux fois pennée.
Bractée Petite feuille accompagnant les fleurs.

C

Caduc Se dit des végétaux qui perdent leurs feuilles à la fin de la saison de végétation, c'est-à-dire en automne sous nos climats.
Caducifolié À feuilles caduques.
Calcicole Qui préfère les sols à caractère calcaire.
Calice Enveloppe extérieure de la fleur (en général de couleur verte).
Canalicule Marqué de larges rainures ou d'un canal en forme de gouttière.
Capsule Fruit sec à une ou plusieurs loges s'ouvrant par des valves.
Carène Pièce inférieure de la fleur des Papilionacées.
Cespiteux Formant de petites touffes gazonnantes, grâce à des rhizomes souterrains.
Chaton Épi pendant de fleurs unisexuées.
Collet Partie de l'axe principal d'une plante qui fait la limite entre la tige et la racine. Lors de la plantation, vous devez donc placer le collet au niveau de la surface du sol.
Columnaire Qualifie un port élancé et étroit (conifères).
Composée Feuilles à plusieurs folioles reliées à un pétiole commun.
Compost Le compost est d'une part un engrais organique à base de feuilles sèches, de terreau, de tourbe et de sable, qu'on appelle aussi mulch ; et d'autre part le résultat de la décomposition des déchets verts, résidus de tonte et des tailles.
Cône Fruit en forme de cône (comme la pomme de pin), constitué d'écailles sous lesquelles sont insérées les graines.
Cordiforme En forme de cœur.
Coriace Qui a la consistance du cuir.
Corolle Second rang d'organes (pétales) dans une fleur complète.
Corymbe Ombelle dont les pédoncules ne partent pas du même point sur l'axe primaire.
Crénelé À bord garni de dents larges et arrondies.
Cultivar Variété ou sous-variété obtenue par sélection.
Cyme Inflorescence à axes principaux terminés par une seule fleur et à ramifications de même type.

D

Décussé Qualifie les feuilles opposées et superposées deux à deux, par paires en croix.
Dentelé À bord garni de dents plus ou moins larges et à sinus aigus.
Dioïque Se dit d'une espèce chez laquelle des individus différents portent les fleurs mâles et femelles.

Dormance État de vie ralentie, dans lequel les plantes entrent quand un élément extérieur bloque leur croissance (chute ou hausse brutale de température par exemple).
Double Fleurs présentant plus de deux rangs de pétales, disposés en rosettes ou imbriqués les uns dans les autres.
Drageon Tige issue directement d'une racine.
Drupe Fruit charnu à noyau central.

E-F

Engainant Se dit d'un pétiole qui embrasse entièrement la tige.
Étamine Organe mâle des végétaux phanérogames.
Étendard Pièce supérieure de la fleur des Papilionacées.
Foliole Petite feuille – l'une des divisions d'une feuille composée.

G

Globuleux Plus ou moins sphérique.
Glomérule Inflorescence compacte à axes très courts.
Gousse Fruit (capsule à deux valves) de la famille des Légumineuses.

H

Hermaphrodite Qualifie une fleur pourvue des deux sexes.
Hybride Plante obtenue par fécondation entre parents génétiquement différents.

I

Imparipenné Se dit d'une feuille pennée terminée par une foliole unique.
Inflorescence Disposition des fleurs groupées autour d'un axe principal sur la plante.

L

Limbe Partie plate et élargie d'une feuille ou d'un pétale.
Linéaire Long et étroit, à bords parallèles.

M-N

Marcottage Multiplication par enracinement artificiel d'un rameau couché sur le sol.
Mellifère Se dit des plantes attirant les insectes pollinisateurs, notamment les abeilles, qui produisent ensuite du miel à partir du pollen.
Naturalisé On dit qu'une espèce est naturalisée quand, introduite d'un pays dans un autre, elle trouve dans ce dernier les conditions de milieu nécessaires à sa survie et sa reproduction spontanée.

O

Obovale En ovale élargi vers le haut.
Obtus À sommet plus ou moins arrondi.
Œil L'œil est un bourgeon qui est situé à même la tige d'une plante, et non à l'aisselle ou à l'extrémité.
Ombelle Dont les fleurs, à pédoncules partant du même point, sont disposées en parasol.

P

Panicule Inflorescence composée, de forme pyramidale.
Paripenné Se dit d'une feuille pennée sans foliole à l'extrémité.
Pédoncule Partie de tige supportant une fleur solitaire (« queue » de la fleur ou du fruit).

Glossaire

Penné Se dit d'une feuille composée dont les folioles sont disposées comme les barbes d'une plume.

Périanthe Enveloppe protégeant les organes reproducteurs de la fleur (sépales et pétales).

Persistant Par opposition à caduc. Dont les feuilles ne tombent pas à l'automne, mais restent sur le végétal tout l'hiver.

Pétiole Support de la feuille, la réunissant à la tige.

Piriforme En forme de poire.

Pisiforme En forme de pois.

Pistil Organe femelle des fleurs composé de l'ovaire (avec les ovules) et du style portant le stigmate.

Pubescent Couvert de poils courts, mous et peu denses.

R

Rabattre Supprimer les branches ou les rameaux d'un arbre ou d'un arbuste dans le but de provoquer le développement de pousses nouvelles, plus jeunes et vigoureuses.

Recépé Qui a subi un rabattage au ras du sol, permettant la repousse de tiges vigoureuses et évitant le développement du tronc pour la conduite en taillis.

Rejet Pousse qui apparaît après le rabattage de la plante.

Remontant Qui fleurit une nouvelle fois, après la saison.

Reprise Capacité d'un végétal à reprendre sa croissance après sa plantation, sa transplantation ou son repiquage.

Rosette Bouquet de feuilles disposées régulièrement autour du collet et de forme plus ou moins circulaire.

Rubané En forme de ruban plat, à bords parallèles et assez larges.

Rustique Qualifie une plante capable de résister aux intempéries et aux froids hivernaux dans une région donnée.

S

Sessile Sans pétiole (feuille) ou sans pédoncule (fleur).

Simples Fleurs comprenant une seule rangée de pétales.

Stigmate Terminaison du pistil organisée pour retenir le pollen et le transmettre à l'ovaire de la plante.

Style Petit support portant le stigmate.

Substrat Mélange terreux dans lequel sont plantés les végétaux en pot.

T

Thermophile Qui a besoin de chaleur.

Thyrse Panicule dont les pédoncules du milieu sont plus longs que ceux des extrémités.

Tomenteux Portant des poils denses et emmêlés, d'aspect cotonneux.

V

Verruqueux Portant de petites protubérances faisant penser à des verrues.

Verticille Se dit d'organes (feuilles ou fleurs) disposés en cercles autour de l'axe et en étages successifs sur celui-ci.

X

Xérophile Se dit d'une plante adaptée à un milieu sec.

Page ci-contre : gattilier commun *(Vitex agnus-castus).*

INDEX

Crédits photographiques

Berthon/NATURE : 110h, 133 b ; **Berthon-Chaumeton/NATURE :** 104 h ; **Berthoule/NATURE :** 105, 106 g, 113 d, 124 b, 126 h, 127 d, 141 bd, 141 bg, 145 b, 146 b, 154 b, 154 h, 158 h, 161 hd, 161 hg, 168 g, 171 g, 175 b, 177 g, 178 b, 30 g, 44, 47 h, 60 b, 73 h, 74 b, 83 b, 83 hm, 87 h, 89 b, 89 hm, 91 h, 92 b, 95 b, 96 b ; **Boucourt/RUSTICA, Bois Pinard :** 18, 19 d, 19 g, 20 ; **Breitenstein/NATURE :** 6-7, 9, 30 d, 32 h, 36, 37 d, 43, 56, 63 d, 65 g, 66, 72 h, 75, 79 b, 79 hd, 79 hg, 80b, 82 h, 87 b, 90, 92-93, 93 b, 94, 99 b, 115, 118, 129, 148, 151, 181, 187, 191, 10 g, 110 b, 112 d, 112 g, 116 g, 121 d, 121 g, 122 b, 123 b, 132 h, 144 b, 146 h, 149 h, 150 h, 157 b, 164 g, 165 b, 167 b, 167 h, 169 b, 173 b, 174 h, 178 h, 179 b, 179 hd, 179 hg, 183 b, 183 h ; **Chaumeton/NATURE :** 32 b, 34 h, 47 b, 49, 65 d, 101, 130 hd, 176 h ; **Chaumeton-Lamaison/NATURE :** 97 g, 161 hm ; **Chaumeton-Lanceau/NATURE :** 85 h, 133 h, 152 b, 152 h, 180 b ; **Délu C. :** 42, 45 d, 46 g, 68 h, 69, 70, 73 b, 77 d, 77 g, 78, 83 bm, 86 b, 97 d, 98 b, 108, 120, 135, 103 h, 113 g, 140-141, 157 h, 160 b, 165 h, 168 d, 171 d, 180 hg ; **Gardena :** 12 b ; **Grospas/NATURE :** 107, 138 b, 156 b, 172-173 ; **Lamaison/NATURE :** 71 h, 84 b, 86 h, 91 bg, 93 hd, 96 h, 98 h, 109, 111, 125, 137, 147, 182, 100 d, 104 b, 104 m, 130 bg, 131 d, 131 g, 134 b, 138 h, 145 h, 153 g, 175 h ; **Lanceau/NATURE :** 38 h, 46 d, 60 h, 71 m, 114, 119 b ; **Le Bret/RUSTICA :** 82 b, 169 h ; **Marre/RUSTICA :** 22, 35, 136, 158 b ; **Mayet/NATURE :** 8, 31 g, 33, 37 g, 38 b, 40, 45 g, 48 h, 51 d, 51 g, 58-59, 63 g, 67 d, 67 g, 68 b, 71 b, 72 b, 76, , 80 h, 85 b, 88-89, 89 hg, 91 bd, 95 h, 99 h, 128, 139, 143, 162, 166, 170, 10 d, 100 g, 103 b, 106 d, 116 d, 117 b, 117 h, 122 h, 123 h, 124 h, 126 b, 132 b, 134 h, 142 b, 142 h, 144 h, 15, 153 d, 155 b, 155 h, 156 h, 160-161, 163 d, 163 g, 164 d, 176 b, 180 hd ; **Pedone Marcella :** 102, 150 b, 177 d ; **Polese/NATURE :** 16, 28-29, 31 d, 34 b, 48 b, 52, 54, 61 b, 61 h, 62, 74 h, 81, 84 hg, 127 g, 174 b ; **Prévot/NATURE :** 119 h ; **Puiboube D. :** 12 h, 13, 21, 39, 41, 50, 64, 149 bd, 149 bg, 159 ; **Sauer/NATURE :** 83 h, 84 hd, 130 bd, 130 hg.

Dessins de **Nathalie Dupuy.**